D1729354

Diese Flow gehört:

....

....

flow_3

LAGUNE,

eine der original Trendfarben
von SCHÖNER WOHNEN-FARBE

FERIEN MACHEN

Sinja

Ich gestehe: Wenn ich in den Urlaub fahre, weiß ich manchmal nicht genau, wo der Ort liegt, zu dem wir unterwegs sind. Meist habe ich kein Geld getauscht, noch nie einen Reiseführer gekauft. Immer komme ich völlig übermüdet an, weil ich bis in die Nacht hinein gepackt habe - für mich, die Kinder und oft noch für den Mann an meiner Seite. Klar stehen wir in solchen Momenten eigentlich kurz vor der Trennung, fahren dann aber doch gemeinsam los.

Außer in den letzten Weihnachtsferien. Alles war gebucht. Zwei Tage vor der Abfahrt bekamen die Kinder eine Magenverstimmung. Wir sagten alles ab, blieben zu Hause. Ohne Vorräte, Verabredungen, Pläne. Zwei leere Wochen lagen vor uns. Wir schliefen aus, verbrachten ganze Tage im Schlafanzug. Spielten Spiele, malten Bilder, lasen Bücher. Mal alle zusammen, mal jeder für sich. Das Haus verließen wir nur, wenn's unbedingt sein musste. Selten habe ich so gut geschlafen, gab es so wenig Streit, war ich so erholt.

Bald sind Sommerferien. Ich hoffe, wir bleiben alle gesund. Aber wir fahren an einen Ort, wo es eigentlich nichts zu tun gibt. Außer ausschlafen, im Schlafanzug trödeln, die Zeit vergessen. Ferien machen eben. Alles Liebe

Sinja

sinja@flow-magazin.de

Immer über Flow informiert sein? Folgt uns auf Facebook (Flow Magazin), auf Twitter (@FlowMagazin) oder besucht uns - wenn ihr schöne Fotos mögt - bei Instagram (Flow_Magazin).

ILLUSTRATION ELISANDRA FOTO EVA-MARIA KOWALCZYK

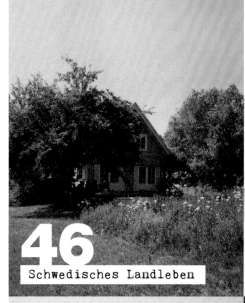

INHALT

TRÖDELN & TAGTRÄUMEN

COVER-ILLUSTRATION ELISANDRA

HANDMADE IN GERMANY

ES SIND DIE FEINEN DETAILS, DIE EIN
SCHRAMM-BETT AUSZEICHNEN. DESHALB
SETZEN WIR EIN BESONDERES WERKZEUG
EIN: DIE MENSCHLICHE HAND. NUR SO
KANN AUS KOSTBAREN, NATÜRLICHEN
KOMPONENTEN EIN SO UNNACHAHMLICHES
GESAMTBILD ENTSTEHEN. PERFEKTER
SCHLAFGENUSS MIT ALLEN SINNEN.

GESICHTER DIESER AUSGABE

IMPRESSUM

Verlag und Sitz der Redaktion
G+J Living & Food GmbH,
Am Baumwall 11, 20459 Hamburg
Postanschrift Redaktion Flow, Brieffach 44,
20444 Hamburg, Tel. (040) 370 30
Leserservice leserservice@flow-magazin.de

Chefredakteurin Sinja Schütte
Redaktion Wiebke A. Kuhn (fr.), Anne Otto (fr.)
Art-Direktion & Layout Studio 100%: Frederike
Evenblij, Annelinde Tempelman, Joyce Zethof
Grafik Deutschland Stephanie Andresen (Ltg.),
Eva-Maria Kowalczyk
Freie Mitarbeiter dieser Ausgabe Geertje Aalders,
Jenna Ardell, Irène Bakker, Lisa Barbero, Johanna
Basford, Lydia Beem, Ellen Nij Bijvank, Janet Blanken,
Caroline Buijs, Caroline Coehorst, Tanya Commandeur,
Andrea D'Aquino, Silvia Dekker, Depeapa, Gabi Gerster,
Judith van der Giessen, Stephan Glietsch, Jenny Haas,
Eva Häberle, Joëlle Jolivet, Anja Kelber, Carola Klein-
schmidt, Sjoukje van de Kolk, Christina Körte, Saskia
Lelieveld, Otje van der Lelij, Nathalie Lété, La Marelle,
Tseard van der Meulen, Maria Kirk Mikkelsen, Pascale
Moteki, Anja Mulder, Chris Muyres, Lena Neher, Peggy
Nille, Irene Ras, Raw Art Letterpress, Tanja Reuschling,
Peter Rigaud, Deborah van der Schaaf, Stefanie Schäfer,
Wendy Schouten, Ruby Taylor, Textra Fachüberset-
zungen, Dorine Verheul, Studio Violet, Merle Wuttke
Chefin vom Dienst Petra Boehm
Schlussredaktion Silke Schlichting (fr.)
Bildredaktion Dani Kreisl (fr.), Angelika Rosenquist (fr.)
Redaktionsleitung Online Stefanie Gronau
Verlagsgeschäftsführer Dr. Frank Stahmer
Publisher Living Matthias Frei
**Director Brand Solutions/verantwortlich für
den Anzeigenteil** Nicole Schostak,
G+J Media Sales, Am Baumwall 11, 20459 Hamburg
Vertriebsleiterin Ulrike Klemmer,
DPV Deutscher Pressevertrieb GmbH
Marketingleiterin Ulrike Schönborn
PR/Kommunikation Mandy Rußmann
Herstellung Heiko Belitz (Ltg.), Inga Schiller-Sugarman
Verantwortlich für den redaktionellen Inhalt
Sinja Schütte, Am Baumwall 11, 20459 Hamburg
Druck RR Donnelley Europe sp. z o.o.,
ul. Obroncow Modlina 11, 30-733 Krakow, Polen
ABO-SERVICE www.flow-magazin.de/abo, Tel. (040)
55 55 78 09, Flow-Kundenservice, 20080 Hamburg
Jahresabo-Preise Deutschland 41,70 Euro inkl. Mwst.
und frei Haus, Österreich 48 Euro und Schweiz 72 sfr

Lizenznehmer von Sanoma Media Netherlands B.V.

FLOW MAGAZINE INTERNATIONAL

Creative Directors Astrid van der Hulst, Irene Smit
Brand Director Joyce Nieuwenhuijs (for licensing
and syndication: joyce.nieuwenhuijs@sanoma.com)
International Editor Jocelyn de Kwant
International Coordinator Eugenie Bersée
International Assistant Marjolijn Polman
Supply Chain Management Gert Tuinsma
Flow Magazine is published by Sanoma Media
Netherlands B.V.
Registered Office Capellalaan 65, 2132 JL
Hoofddorp, Netherlands; 088 5564 930

Gemütlich nichts tun **Seite 11**

Caroline Buijs ist unsere Frau für die ganz großen
Geschichten. In dieser Ausgabe versucht sie heraus-
zufinden, wie man es schafft, mehr Müßiggang im
Leben zuzulassen, ohne gleich vom schlechten Ge-
wissen geplagt zu werden. Ihres nennt sie „strenge
Nörgeltante" – und die bringt sie am besten mit
Otis Redding und einem schönen Blick aufs Wasser
zum Schweigen. Was Caroline auch aus Erfahrung weiß:
Wie gut es tut, die eigene Komfortzone zu verlassen.
Denn zunächst arbeitete sie als Flugbegleiterin, studier-
te danach Literatur, verkaufte als Reiseagentin Trips nach China, um schließlich mit
40 Jahren ihren Job aufzugeben und nur noch als Journalistin zu arbeiten. In Flow mag
sie am liebsten die Philosophie-, Bastel- und Zeitgeistthemen, davon lässt sie sich
immer wieder inspirieren. „Auch wenn ich nicht so richtig gut im Selbermachen bin,
würde ich wahnsinnig gern bald mal ein DIY-Projekt starten", sagt sie. Auch gut:
„Nach dem Lesen von Flow fühle ich mich immer besser und nie schlechter – also
weder zu dick noch zu alt noch zu dumm."

Wie Ferien in Bullerbü **Seite 46**

Wendy Schouten wagte das Abenteuer Auswandern –
gemeinsam mit ihrem Mann und ihren vier Kindern
ging sie nach Schweden. In dieser Ausgabe erzählt
sie davon, wie sich das Leben in Skandinavien von
dem in Deutschland und Holland unterscheidet. Und
das macht sie mit so viel Liebe, dass man ihr am
liebsten sofort folgen würde. In Schweden hat Wendy
vor allem beeindruckt, wie sehr die Stille und die
Natur das Verhalten ihrer Kinder beeinflusst haben.
Aus blassen, überreizten Großstadtkiddies wurden

rotwangige, entspannte Pfadfinder. Wendy arbeitet als Autorin und hat ein Buch über
die natürliche Geburt geschrieben, sieht sich im Moment aber vor allem als Mutter
und Hausfrau – und setzt sich dafür ein, dass Elternarbeit finanziell und ideell mehr anerkannt wird. Heimat, das ist für sie dort, wo ihre Familie ist. Ihr „Clan", zu dem sie
gehört. Und ein Ort, an dem sie sich zu Hause fühlt. So wie in Schweden.

Webshoppen **Seite 84**

Lena Neher mag hübsche Dinge. Sie sucht all die netten, originellen und wunderbaren
Sachen und Onlineshops aus, die wir in der Rubrik Webshoppen vorstellen. Lena

eignet sich für diesen Job so außerordentlich gut, weil sie
ein so besonders gutes Auge hat: Die studierte Theater-
wissenschaftlerin und -gängerin weiß einfach, was gut
aussieht (ob auf der Bühne oder an sich selbst – nähen kann
sie nämlich auch) oder auch: sich gut anhört. In Sachen
Musik macht kaum jemand Lena etwas vor, sie komponiert,
spielt (Klavier und Gitarre) und singt nämlich selbst und
hatte schon mit neun Jahren ihre erste eigene Band. So
oder so, wir bei Flow sind uns ziemlich sicher: Von Lena
werden wir noch Einiges hören.

GEMÜTLICH NICHTS TUN

Früher schienen die Sommer endlos zu sein,
man lebte sorglos in den Tag, hatte Zeit im Überfluss.
Wie kann man die Leichtigkeit von damals
wiederfinden? Autorin Caroline Buijs machte sich
auf die Suche nach mehr Muße

TRÖDELN & TAG-TRÄUMEN

Bevor er mit dem Rad zur Arbeit fuhr, küsste mein Vater uns Kinder und verabschiedete sich mit den Worten: „Genießt eure Freiheit!" Damals wusste ich nicht, was er damit genau sagen wollte. Rückblickend verstehe ich ihn besser. Wir schwammen in einem Ozean aus Zeit – ohne Verpflichtungen ließen wir uns treiben. Und das gönnte er uns von Herzen.

Während meiner Studienzeit Anfang der 90er-Jahre war ich auf dem Höhepunkt meines Faulenzerlebens. Obwohl ich im Grunde eine fleißige Studentin war, lümmelte ich in meiner Erinnerung endlos auf der Wiese im Stadtpark herum, quatschte mit Freundinnen. Nachmittagelang ließen wir Steine über einen kleinen Teich hüpfen. Oder wir sonnten uns mit einem Buch am Strand. Und wenn wir Fahrrad fuhren, dann gemächlich. Ein Wunder, dass wir nicht umkippten. Die Sommer schienen endlos lang zu sein, die Tage reihten sich von selbst aneinander, und so etwas wie Zeit spielte keine Rolle. Jedenfalls hatte man nie zu wenig davon, uns bedrückte auch nichts – wir waren wunderbar sorglos.

Zu der faulen Stimmung fallen mir die Texte des Amsterdamer Schriftstellers Nescio ein, der Anfang des 20. Jahrhunderts lebte und in dessen Werk die Protagonisten gern gepflegt nichts tun. In einem Brief aus dem Jahr 1908 an seine Frau beschreibt er so eine gemütliche Phase im eigenen Leben: Von einem zweiwöchigen Aufenthalt an der Nordsee war er zunächst gar nicht begeistert, bis er anfing, sich für den Alltag in der nah gelegenen Hafenstadt Veere zu interessieren. Er gab sich ganz dem Rhythmus der Gezeiten hin, beobachtete das

Ausfahren und Heimkehren der Boote, begleitete die Fischer aufs Meer, saß stundenlang auf dem Turm der Kirche, verlor jeden Begriff von Zeit und Raum: „Ich tue immer dasselbe, genau wie das Wasser. Die eine Welle rollt über die andere und danach sieht man sie niemals wieder, so lebe ich hier. Der Fluss der Zeit wird höchstens von den Mahlzeiten unterbrochen, und wenn es dunkel ist, geht man schlafen."

ZAUBERWORTE: KLEINER UND WENIGER

Natürlich war die Situation in unserer Kindheit und Jugend anders als heute. Wir lebten in den Tag hinein. Faulenzen passte zum Alter, und niemand wunderte sich darüber, weil es normal war. Jetzt, da wir älter sind, ist es laut der Arbeitspsychologin Patty van Ziel durch den sozialen Druck schwieriger, einfach mal zu bummeln: „Wir alle folgen einer Reihe ungeschriebener Gesetze: Was gehört sich, was ist richtig? Jeder ist so sehr damit beschäftigt, gesellschaftliche Normen zu erfüllen, dass Nichtstun kaum noch eine Option ist. Karriere, Auto, ein schönes Zuhause und zwei- oder dreimal im Jahr Urlaub machen – das scheint wichtig zu sein. Vielleicht sollten wir uns häufiger mal fragen, ob das wirklich das Richtige für uns ist."

Vielleicht assoziieren wir Nichtstun und Müßiggang auch zu sehr mit Faulheit, einem Begriff, der bei mir einen tief verwurzelten negativen Beiklang hat. „Jetzt unternehmt doch mal was", pflegte meine Mutter zu seufzen, wenn wir für ihren Geschmack zu lange auf dem Sofa herumhingen. Doch mit dem Ziel, sich das Leben ein wenig leichter zu machen, verknüpft Patty van Ziel zwei Schlüsselworte:

„kleiner" und „weniger". „Unsere Welt ist so groß geworden. Wir wollen alles wissen und wissen auch tatsächlich viel. Ich glaube, die Kunst besteht darin, die Messlatte niedriger zu legen: Wir können nicht alles wissen, uns über alles informieren. Indem wir unsere materiellen Ansprüche runterschrauben und soziale Kontakte, die uns nicht am Herzen liegen, weniger pflegen, bleibt Zeit, sich gelegentlich zu langweilen, und das schafft Raum für neue Ideen." Vielleicht ist gerade der Sommer eine ideale Phase, um dieses „kleiner" und „weniger" zu üben. Angenommen, wir fahren im Urlaub in die Normandie. Dann werden wir nach unserer Rückkehr bei der Arbeit garantiert gefragt: Hast du denn auch den Mont Saint-Michel besichtigt? Den Bayeux-Teppich? Der soziale Druck ist groß, und man möchte nachher etwas Interessantes zu erzählen haben. Van Ziel: „Ich halte es für wichtig, sich jeden Tag die Frage zu stellen: Warum tue ich das, was ich tue? Man kann seine Zeit nämlich nur einmal verwenden. Wenn man also morgens beschließt, den Mont Saint-Michel zu besuchen, sollte man sich vorher fragen: Tue ich das, weil es mich glücklicher macht? Dann los. Oder tue ich es, weil ich mitreden ➤➤

UND GANZ OHNE DRUCK…

Wie man laut Trainerin Helen Heinemann für mehr Ruhe im Kopf sorgen kann:

* Innehalten, nichts tun und aufmerksam wahrnehmen, was über die Sinne hineinkommt. Falls Spannung entsteht, beim Ausatmen entspannen.

* Bummeln, das heißt, ein wenig spazieren gehen, das tun, wozu man Lust hat und solange man Lust dazu hat. Nicht als Mittel zum Zweck, sondern nur der Beschäftigung wegen.

* Mit anderen zusammen sein und das Miteinander genießen, mit Freunden kochen, singen oder tanzen.

* Angenehme Gefühle hegen und bewusst wahrnehmen, was diese Gefühle in uns verändern.

* Sich immer mal daran erinnern, wobei man sich wohl und sicher fühlt. Bewusst Beschäftigungen und Menschen aufsuchen, die einem Gefühle von Sorglosigkeit und Sicherheit vermitteln.

* Eine freundliche Haltung sich selbst und anderen gegenüber entwickeln.

* Sich seiner Stressgewohnheiten bewusst werden und sich dafür entscheiden, anders damit umzugehen.

* Regelmäßig entspannt und komplett ohne Leistungsdruck Sport treiben.

* Nicht hetzen, sondern lieber etwas früher aufbrechen oder anfangen. Versuchen, nicht ständig an Fristen und Termine zu denken.

* Immer mal wieder einen Tag alle Medien ausschalten: Telefon, Computer, iPod, iPad. Sich dann auf seine Sinneswahrnehmungen konzentrieren.

können will? Dann kann man es auch ganz lassen. Bleiben wir also immer kritisch und hinterfragen die Gründe fürs eigene Handeln."

MAL IST ALARM, MAL IST RUHE

Und so kommen wir zu einem anderen Aspekt, der den Müßiggang oft verhindert: Was sind wir doch streng mit uns! Ständig nörgelt unsere innere Stimme: Wie, faul im Gras herumliegen? Es warten noch drei Körbe Wäsche! Wie, auf dem Sofa liegen und lesen? Eben hast du die Kinder rausgeschickt. Warum beschäftigst du dich nicht mit ihnen? Der Bösewicht, der uns oft am Faulenzen hindert, wird gern „der innere Nörgler" genannt, doch man kann ihn oder sie nennen, wie man will. Bei mir heißt die Stimme „die strenge Nörgeltante".

Laut Helen Heinemann, Pädagogin und Leiterin des Instituts für Burnout-Prävention in Hamburg, steht man sich selbst ganz ordentlich im Weg, wenn man sich ständig kritisch unter die Lupe nimmt und davon beseelt ist, man könne immer alles noch besser machen. „Immer wieder das Beste aus sich herauszuholen wird in unserer Gesellschaft belohnt und anerkannt." Strenge und selbst auferlegte Regeln wie etwa „Erst die Arbeit, dann das Vergnügen" können laut Heinemann aus der eigenen Lebensgeschichte und der Erziehung stammen (anspruchsvolle Eltern, Leistungsdenken), aber auch durch Faktoren wie Ausbildung und Arbeitsleben beeinflusst werden. „Zu mir in die Kurse kommen häufig Leute, die eine gute Ausbildung haben, letztlich auch eine glückliche Kindheit. Viele sind einfach leistungsorientiert, wollen ihre Sache gut machen. Bei der Arbeit werden diese tüchtigen Leute

für ihren Einsatz gelobt. Viele arbeiten deshalb fast bis zum Umfallen und spüren sich selbst nicht mehr wirklich gut." Wenn Leistung hoch geschätzt wird, gibt es viele Menschen, die entsprechend aufdrehen und so an den Rand der Erschöpfung geraten. Deshalb ist es sinnvoll, die verschiedenen körperlichen Seinszustände zu betrachten, in denen wir uns im Alltag befinden, mit denen wir unsere Emotionen regulieren und die uns unbewusst steuern.

Zum einen ist da das Gefahrensystem, das immer angeknipst wird, wenn wir etwas leisten und aktiv sind, es ist mit der Ausschüttung von Stresshormonen verbunden. Zum anderen ist da der entspannte Ruhemodus, der sich einschaltet, wenn keine Zwänge da sind, die Gefahr vorüber ist. Zu Zeiten unserer Vorfahren war das Gefahrensystem aktiv, wenn man auf die Jagd ging oder plötzlich einer Schlange gegenüberstand. Im Ruhemodus lief der Körper dann wieder, wenn man zusammen mit anderen in der Höhle saß, redete und sich ausruhte. Wenn in unserem Alltag ständig das Gefahrensystem aktiv ist, man immer unter Strom steht, kann es passieren, dass man das Ruhesystem immer mehr vernachlässigt und die Balance zwischen den Systemen aus dem Gleichgewicht gerät. Man reagiert gereizt und treibt sich an bis zur Erschöpfung. Heinemann: „Die Erkenntnis darüber, dass das Gleichgewicht leicht zu stören ist und man schnell dazu neigt, im Gefahrenmodus steckenzubleiben, hilft dabei, die eigene Balance wiederzufinden. Jedes System besitzt seinen Wert. Gerade wer sehr leistungsorientiert ist – und das auch gern –, kann etwa das Zusammensein mit anderen oder die spielerische Beschäftigung mit einem Hobby oft nicht mehr recht genießen. Doch in Zeiten der Ruhe und ohne Verpflichtungen werden die Energiereserven aufgefüllt, und das tut uns und unserer Gesundheit gut."

IM SÜSSEN MUSSEMODUS

Einen schönen Begriff in dem Zusammenhang finde ich „Gedankenzeit". Ich habe ihn in einem Interview mit dem Schauspieler Jacob Derwig aufgeschnappt. Derwig, der passenderweise in einer niederländischen Serie den ausgebrannten Therapeuten Paul spielt, sagte: „In den letzten Jahren habe ich durch die Kinder und die Arbeit den Eindruck, nur wenig Zeit zum Vertrödeln zu haben. Dagegen vergeude ich vermutlich viel Zeit mit dem Einteilen meiner Zeit. Ein Begriff, der mir gefällt, ist ‚Gedankenzeit'. Irgendwann bleibt einem einfach keine Muße mehr, über das nachzudenken, was es neben dem Alltag noch gibt, was noch möglich und wichtig ist oder was ich in der Welt tun will. Dafür braucht man Gedankenzeit. Um sich rauszunehmen und zu sinnieren. Wenn ich mir so eine Zeit freigeschaufelt habe, bin ich jedes Mal stolz auf mich."

Das ist übrigens häufig leichter gesagt als getan. Wer kennt sie nicht, diese gut gemeinten Bemerkungen in Zeiten von Stress und Panik: „Warum nimmst du dir nicht einen Nachmittag frei und setzt dich vor ein Café in die Sonne? Du solltest gut auf dich achten!" Ich frage mich dann immer, ob diejenigen, die solche Ratschläge erteilen, sich selbst daran halten. Ich glaube nämlich, nicht. Und wenn ich so einen Rat wirklich mal befolge, ist das Gefühl gar nicht gut. Ich werde unruhig, kann den Moment nicht genießen, habe Gewissensbisse. Warum nur? Helen Heinemann:

„Wenn man ständig in Aktion ist, schafft das Befriedigung, und man ist voll mit Stresshormonen, die einen immer weiter antreiben. Das Gefühl, aktiv zu sein, ist einem sehr vertraut. Wenn man mal innehält, weiß man oft gar nicht mehr, wie angenehm das sein kann. Im Gegenteil, es geht einem schlecht dabei. Man denkt dann schnell, dass man doch lieber so weitermachen sollte wie bisher, aber das ist eine Fehlinterpretation. Es ist wichtig, in den Ruhe- und Entspannungsmodus zurückzukommen."

In ihren Kursen übt Heinemann deshalb mit ihren Teilnehmern einen einfachen Weg ein, wieder zurück in den entspannten Modus zu kommen. „Es hilft, einen sanften Übergang zwischen totalem Stress und gemütlichem Nichtstun zu schaffen." Als Überbrückung taugen alle Aktivitäten, die nichts mit Arbeit zu tun haben und Spaß machen, etwa Klavier spielen oder tanzen. Und alles, was mit Kontakt zu tun hat. Ein Plausch mit der Freundin, ein Abend im Chor, ein Häkelnachmittag mit der Freundin. Wer solche Elemente in den All-

> SPAZIERENGEHEN GIBT UNS NEUE ENERGIE, DADURCH ENTSTEHT RAUM FÜR OPTIMISTISCHE GEDANKEN

tag einbaut, trainiert das Ruhesystem. Es fällt dann irgendwann leichter, sich gelegentlich ganz in den süßen Mußemodus fallen zu lassen.

Ich finde inzwischen bei einem ganz unspektakulären Spaziergang mein Faulenzgefühl aus der Studentenzeit wieder. „Spazierengehen ist die beste Medizin", sagte schon Hippokrates. Es gibt Energie und Entspannung gleichzeitig. Und es entsteht Raum für optimistische Gedanken, die bisher verschüttet waren. Im Übrigen ist es ja nicht falsch, hart zu arbeiten, es sei denn, man tut nichts anderes mehr. Die Kunst besteht darin, jeden Tag auch ein wenig Muße zuzulassen. ➤➤

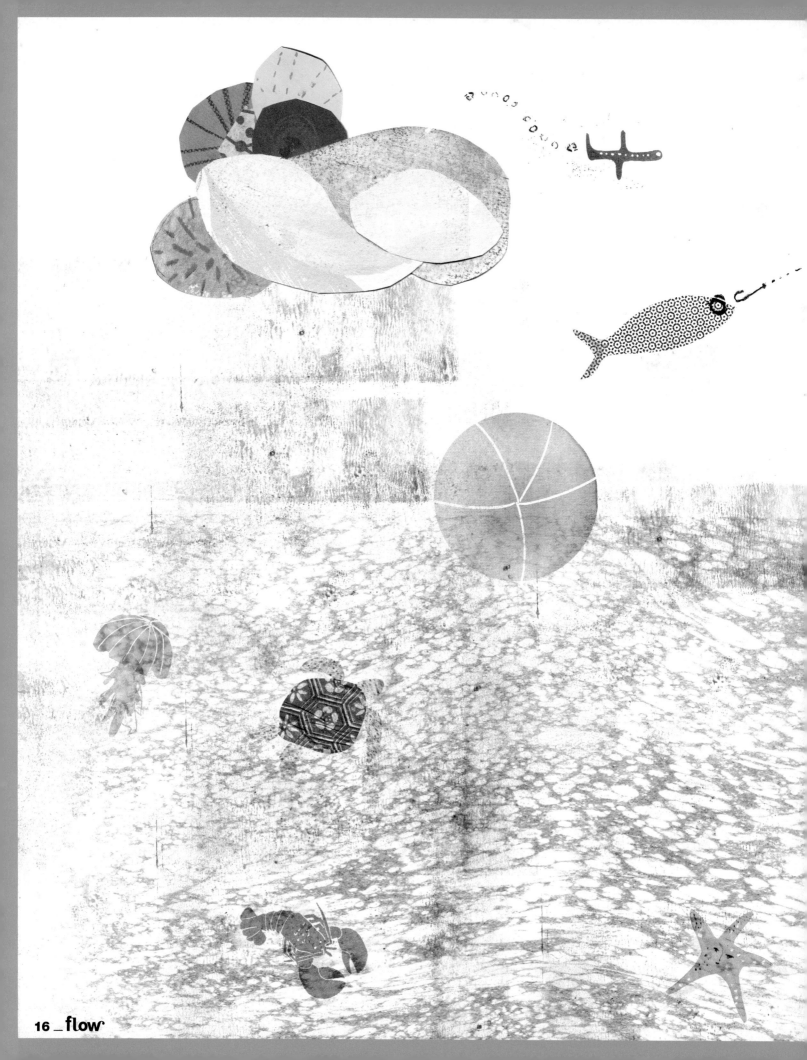

„ICH BIN MÜSSIGGÄNGER UND LADE MEINE SEELE ZU GASTE, ICH LEHNE MICH AN ODER SCHWEIFE UMHER NACH MEINEM BEHAGEN UND BETRACHTE EINEN HALM DES SOMMERGRASES" – WALT WHITMAN, Schriftsteller (1819–1892). Aus dem Gedichtband *Grashalme*

IM LIEGESTUHL LIEGEN UND ÜBERS FAULSEIN LESEN?

DREI SACHBÜCHER:

* Tom Hodgkinson: *Anleitung zum Müßiggang* (Insel)
* Ulrich Schnabel: *Muße. Vom Glück des Nichtstuns* (Blessing)
* Helen Heinemann: *Warum Burnout nicht vom Job kommt* (adeo)

DREI ROMANE:

* Iwan Gontscharow: *Oblomow* (dtv). Der Klassiker des russischen Realismus über einen Mann, der nur im Bett liegt. Verlangsamt schön, gut zum Rumstöbern.
* Cesare Pavese: *Der Teufel auf den Hügeln* (List). Der italienische Romancier schildert Jugendliche bei einem Turiner Sommer des Nichtstuns und Herumtreibens. Wunderschön!
* Elizabeth Tova Bailey: *Das Geräusch einer Schnecke beim Essen* (Nagel & Kimche). Die Journalistin Elisabeth Bailey hat eine Schnecke beobachtet, die unter den Blättern ihrer Topfpflanze lebt. Mehr Entschleunigung geht nicht.

Zu lernen, Nein zu sagen, wenn man sowieso schon das Gefühl hat, das Tagespensum ist voll, statt sich dem äußeren Druck zu beugen. „Im Haushalt kann man ruhig einmal weniger perfektionistisch sein. Stellen Sie nicht immer so hohe Anforderungen an sich selbst. Bewahren Sie die Ruhe. Seien Sie fröhlich. Akzeptieren Sie Unordnung", schreibt der britische Autor und bekennende Müßiggänger Tom Hodgkinson in seinem Buch *Die Kunst, frei zu sein.*

NACHSICHTIGER MIT SICH SELBST

Um das erreichen zu können, sollten wir jedoch zunächst netter zu uns selbst sein. Selbstmitgefühl wäre in dem Zusammenhang eine Lösung. Die Amerikanerin Kristin Neff hat in ihren Studien festgestellt, dass diese Empathie für sich selbst einen guten Schutz vor übermäßiger Selbstkritik bietet. Heinemann: „Wenn man sehr angespannt ist oder sich ständig im Alarmmodus befindet, bleibt oft nur wenig Raum für fürsorgliche Aufmerksamkeit sich selbst gegenüber. Wenn man entspannter ist, kann man auch generell viel empathischer sein –

und zwar sowohl mit sich selbst als auch mit anderen." Glücklicherweise wächst das Bewusstsein dafür mehr und mehr, wieder besser auf sich selbst und andere zu achten. Mindfulness-Kurse sind zum Trend geworden – eine positive Entwicklung. Denn durch mehr Achtsamkeit entwickeln wir auch einen besseren Blick für das, was in uns vorgeht, sowohl körperlich als auch seelisch. Die Kunst ist es, diese mentale Fähigkeit zu pflegen und dadurch Stressmuster rechtzeitig zu bemerken, sodass man den Ruhephasen viel mehr Aufmerksamkeit schenken kann. Angenommen, wir würden Auszeiten als eine ärztliche Verordnung betrachten, als etwas Unerlässliches, um uns im seelischen und körperlichen Gleichgewicht zu halten? Vielleicht gelänge es dann, regelmäßig Zeit damit zu verbringen, lang ausgestreckt auf der Couch ein Buch zu lesen oder sich anderen wohltuenden Beschäftigungen zu widmen.

Müßiggang als reine Notwendigkeit also. Und wenn es dann noch nicht klappt, na ja, dann sucht man sich eben irgendwo ein Plätzchen am Wasser – in einem kleinen Hafen, an einem Weiher, notfalls im Schwimmbad, setzt die Kopfhörer auf und lauscht dem unnachahmlichen Otis Redding. Die Chancen stehen gut, dass sein Stück *The Dock Of The Bay* einem auf die Sprünge hilft:

Sitting in the morning sun
I'll be sitting when the evening comes
Watching the ships roll in
Then I watch them roll away again, yeah

I'm sitting on the dock of the bay
Watching the tide roll away
Just sitting on the dock of the bay
Wasting time … ●

TEXT **CAROLINE BUIJS, ANNE OTTO** ILLUSTRATION **ANDREA D'AQUINO**

FEEL CONNECTED

Alle Menschen auf
dieser Welt sind irgendwie
miteinander verbunden.
Warum also nicht einfach
zu jedem nett sein?

Richard Simmons, amerikanischer Schauspieler und (sehr glücklicher) Fitnesstrainer

Feel connected

Ein Blick auf die Welt und die Menschen um uns

Schreiben bringt uns mehr Nähe

Mit Stift und Papier zu mehr Liebe? Doch, das geht. Seine Gefühle für den Partner regelmäßig in Worte zu fassen und aufzuschreiben steigert die Chancen, zusammenzubleiben, sagt Psychologe James Pennebaker von der Uni Texas. Das gilt selbst dann, wenn gerade Gewitterstimmung herrscht, denn wer seine Gedanken notiert, macht sie sich bewusst, kann sie auch im Alltag leichter mitteilen – und verhält sich im Gespräch konstruktiver. Also: Schreiben hilft, wussten wir es doch.

Swing it back

Wenn Else Edelstahl einmal im Monat an wechselnden Orten zur rauschenden Bohème-Sauvage-Party lädt, kommen die Nostalgiker in Scharen. In Smoking, Fransenkleid und Federboa zelebrieren sie die wilden 20er-Jahre, tanzen zu Liveswingmusik, trinken Absinth und pokern. Einlassbedingung zum mondänen Vergnügen: ein stilechtes Outfit. Termine von Berlin bis Zürich unter boheme-sauvage.net

Obst für alle

Die Idee ist genial. Auf einer interaktiven Karte tragen die Nutzer von mundraub.org herrenlose Beerensträucher, Obstbäume und Kräuter ein, die jeder abernten darf. Das ist nicht nur lecker, sondern auch sinnvoll, weil das Obst sonst oft einfach verfault. Also ran an Quitte, Mirabelle oder den klassischen Apfel – hier dürfte jeder fündig werden.

Dein eigenes Theaterstück

Das nennt man gutes Timing. Bei einem Besuch im Schauspielhaus Stuttgart fielen den beiden Designerinnen des Taschenlabels Lemonfish die schönen Banner auf. Als sie nachfragten, was aus ihnen nach der Spielzeit wird, stellte sich heraus, dass es schon eine ganze Sammlung alter Banner gab, nur die Idee zur Weiterverwertung fehlte. Bettina Burchard und Alexandra Dittrich hatten eine: Sie fertigen jetzt schicke Flag-Shopper daraus. 65 Euro, lemonfish.de

Wie liebt die Welt?

Auf der Suche nach Liebesgeschichten ist die Autorin Wlada Kolosowa um die ganze Welt gereist, hat Paare befragt. Und überraschende Erkenntnisse mitgebracht.

Wie unterscheidet sich unser Verständnis von Liebe von dem in anderen Ländern?

Nicht überall haben Menschen so große Erwartungen wie wir, der Partner muss nicht bester Liebhaber und Freund zugleich sein, es muss mit ihm nicht ständig aufregend, aber auch gemütlich sein. Für manche ist er einfach der Ernährer, der, mit dem man Kinder hat. Liebe ist dann so was wie Teamarbeit.

Was können wir von Liebenden anderswo lernen?

Man sollte sich mehr trauen. Sich für einen Menschen entscheiden und dann auch bleiben, statt sich immer auf Probe zusammenzutun und zu schauen, ob sich die Mühe lohnt. Das kommt vielen anderswo hart vor.

Sie haben unterwegs Sprüche gesammelt. Ihr Favorit?

„Von allen Leidenschaften ist die Liebe die stärkste. Sie greift gleichzeitig Kopf, das Herz und alle Sinne an." Aus China.

Was hat sich durch die Reise geändert?

Ich bin nach der Rückkehr mit meinem Freund zusammengezogen, habe nicht länger gezögert. Es fühlt sich gut an. Wlada Kolosowa: *Lovetrotter. Eine Weltreise rund um die Liebe.* Kailash, 14,99 Euro

Seelentröster

Jeder hat so ein T-Shirt, das längst verwaschen ist, zu klein, fadenscheinig. Doch weil es einfach das beste ist, eine Geschichte hat, bleibt es jahrelang im Schrank. Stattdessen könnte aber auch ein Mapapu daraus werden. Die knubbeligen Wesen haben sich Jennifer und Hendrik Lind ausgedacht – eigentlich für Kinder, deren Eltern sich getrennt haben oder deren Seele aus anderen Gründen wackelt. Das Kuscheltier, genäht aus Lieblingsshirts der Eltern, soll Trost spenden. Eine wunderbare Idee, auch für Erwachsene. mapapu.de

Neue Maschen

Ein knalliger Pulli für einen traurigen Baum, bunte Ringelsocken für einen Laternenmast, Überzieher für einen Betonpoller: Urban Knitting, ein Street-Art-Trend aus den USA, macht inzwischen auch Städte hierzulande schöner. Wer dabei mitmachen will, die Welt zu umgarnen, findet Anregungen in Mandy Moores und Leanne Prains Buch *Strick Graffiti* (Knaur, 16,99 Euro).

Städtetrip mal anders

Alte Bücherstuben, neue Coffeeshops, Hutläden, Parkbänke, Kurzwarengeschäfte. Das ist die Welt von Herb Lester. Der Londoner Miniverlag bringt liebevoll illustrierte Faltstadtpläne im Pocketformat heraus, auf denen man statt der üblichen Sehenswürdigkeiten charmant-eigensinnige Empfehlungen findet. Und das auch gern mit individuellem, besonderen Fokus. Zum Beispiel auf *Paris für Alleinreisende* oder *London für Genießer.* Viel Spaß beim Entdecken! 6,50 Euro, über humanempireshop.com

ICH ♡

WENN MEIN HERZKLOPFEN SCHNELLER IST ALS DER PULS DER ZEIT.

COUCH DIE DINGE, DIE WIR LIEBEN.

DIE DINGE, DIE WIR LIEBEN

COUCH

Holiday-Feeling!
So geht der Boho-Chic für zu Hause

DIY
AHOI! DEKO MIT BLOCKSTREIFEN

LIVING
DESIGN-REGALE AB 50 EURO

BEAUTY
LÄSSIGE LOOKS MIT EYELINER

Bikinis, Heels, Sommerkleider –
unsere neuen Lieblingsteile

FASHION FÜR JEDES BUDGET

LOCKER BLEIBEN
Zusammen-ziehen ohne Style-Desaster

Naherholung
DEUTSCHE STÄDTE NEU ENTDECKT

WAS machst du gerade?

Das haben wir drei Frauen gefragt, die wir klasse finden

TEXT **IRENE RAS** (HAYLEY), **ANJA KELBER** (RONJA & UDA) FOTO **EVA HÄBERLE** (RONJA); **CHRISTINA KÖRTE** (UDA)
HAARE/MAKE-UP **ASTRID GLÄNZEL/LIGANORD** (RONJA), **CLAUDIA WEGENER-BRACHT** (UDA)

1. Alles in Haileys Café drückt ihre Persönlichkeit aus. Wenn sie etwas mag, dann möchte sie es allen zeigen. Das sieht man auch auf ihrer Instagram-Seite: instagram.com/thewindowcoffee
2. Sie serviert ihre eigene Kaffeemischung
3. Ob Latte macchiato, Mokka oder Filterkaffee: „Ich zeige meinen Gästen auch, wie sie ihren Kaffee zu Hause am besten aufbrühen können"

„Kaffeetrinken ist fast wie Meditation"

Hayley Gosling

✖ 31 Jahre 🏠 Norwich, England
❤ lebt zusammen mit Neil und
Daisy, dem Hund ☞ Cafébesitzerin
⚓ thewindowcoffee.com

Was machst du gerade?

Seit vier Jahren kümmere ich mich
nun um mein Café hier in Norwich.

Warum ist dein Café so klein?

Ich mag es, Fremde miteinander ins
Gespräch zu bringen und Freund-
schaften zu stiften. Das scheint in einem kleinen Raum einfacher zu gehen. Ich habe sogar schon ein paar
Paare zusammengebracht. Das hier
ist sozusagen mein Wohnzimmer. Der
Tresen ist direkt an der Wand, sodass
nichts zwischen den Gästen und mir
steht. „Weniger ist mehr" ist eben
mein Lieblingsspruch.

Weniger ist auch gemütlicher…

Ja, 80 Prozent meiner Gäste sind
mittlerweile gute Freunde, ich treffe
hier Menschen aus der ganzen Welt
und höre deren Lebensgeschichten.
Ich sehe Babys aufwachsen, bekomme mit, wie sich die Studenten Gedanken über ihre Zukunft machen,
und lausche den weisen Worten der

Älteren. Gerade die schenken mir die
meiste Energie. Sie haben wirklich
Zeit, um zu „sein", und zeigen mir, wie
schnell die Jahre vorbeifliegen und
dass wir versuchen sollten, möglichst
viel aus jedem Tag zu schöpfen. Ich
hoffe, dass ich als alte Dame auch
noch täglich ausgehen werde, um eine Tasse Kaffee zu trinken.

Warum ausgerechnet Kaffee?

Als Mädchen war ich besessen von
Kaffee. Ich bin quasi seit meinem
14. Lebensjahr eine Barista. Ein Kaffee schenkt mir Frieden. So einfach
und bezahlbar, und dennoch hat er
einen großen Effekt darauf, wie ich
mich fühle. Kaffeetrinken ist fast wie
Meditation. Ich sitze dann am Fenster
und schaue der Welt bei ihrem Treiben
zu. Solche Momente sind magisch.

Wie schaffst du das alles allein?

Es ist eine One-Woman-Show. Mein
Café mag klein sein, aber für mich
bedeutet es eine Menge, alles am
Laufen zu halten. Doch das macht
mich glücklich. Durch harte Arbeit und
die Erfüllung meines Traumes bekomme
ich jeden Tag eine wunderbare Wirk-
lichkeit geschenkt.   ➤➤

Ronja-Maria Jung

✖ 25 Jahre 🚶 kommt aus Hamburg und lebt seit 2012 in Leipzig ☛ studiert Sonderschullehramt und jobbt im Sommer im Ausland als Reisebetreuerin ♪ soundcloud.com/ronja-maria

Was machst du gerade?
Ich erkunde meine neue Heimat Leipzig. Hier gibt es viel Kultur, alles ist offener, nicht so fertig und durchgeplant wie in Hamburg, wo ich herkomme. Und ich suche – nach Inspirationen und nach einem guten Weg für mich.

Wo genau suchst du denn?
Unter anderem auf der Bühne. Vergangenen Sommer habe ich hier mit der freien Gruppe Theaterpack das Stück *Viel Lärm um nichts* aufgeführt. Da musste ich laut und dreckig sein – konnte meine Grenzen austesten. Es ist spannend, nicht zu wissen, wie so eine extreme Rolle wirkt. Das macht Angst, gibt einem aber auch viel Freiheit.

Wie gehst du mit Kritik um?
Kritik inspiriert mich und bringt mich weiter. Manchmal bin ich erst empfindlich, aber dann denke ich: Danke, dass du dich mit mir beschäftigst.

Wie fühlst du dich auf der Bühne?
Sehr kraftvoll. Es gibt ja viele Momente im Leben, in denen man denkt: Riskier ich das? Sage ich das jetzt? Im Theater gibt es das nicht. Da kannst du alle Emotionen rauslassen. Auch wenn ich jedes Mal Lampenfieber habe.

Das Theater ist also deine große Leidenschaft?
Eher eine Hassliebe. Einerseits will ich nach so intensiven Produktionen sofort das nächste Projekt machen. Andererseits weiß ich mittlerweile: Nur Theater zu machen wäre zu heftig. Der Konkurrenzkampf, kein Geld, wenige Rollen – das ist schon ein hartes Brot. Deswegen habe ich die Schauspielschule abgebrochen und studiere jetzt Sonderschullehramt. Da lässt sich Theater gut integrieren.

Du machst auch Musik?
Ja, ich singe, unter anderem bei der Berliner Singer-Songwriter-Band Fallen Aus. Ich schreib aber auch eigene Songs und jamme mit Freunden in der Küche rum. Manchmal treten wir spontan in Kneipen auf. Ich hab gerade immer meine Gitarre dabei. So kann ich überall Musik machen. ➤➤

3

1

2

4

1. „Nach dem Buch *Ronja Räubertochter* von Astrid Lindgren wurde ich benannt – darin spiegelt sich auch viel meiner Persönlichkeit wider"
2. Hier steht Ronja auf der Bühne: in Shakespeares *Viel Lärm um nichts*
3. Das Armband ist ein Geschenk von Ronjas Mutter aus Griechenland, und das Handy ist unterwegs immer dabei: zum Musikhören und -aufnehmen
4. Ronja liebt kleine schöne Dinge – besonders in ihrer Wohnung

„Kritik inspiriert mich und bringt mich weiter"

„Ich habe ein großes Herz für trauriges, zurück-gelassenes Gemüse"

1. „Die schicksten Schühchen der Welt"
2. In ihren Kochbüchern blättert Uda nur zur Inspiration – „die Rezepte koche ich nie nach"
3. Das „superuda"-Schild haben ihre Eltern für sie in Südafrika schnitzen lassen und im Handgepäck mitgebracht

1

Uda Albrecht

✖ 44 Jahre 🏠 lebt mit Mann und Zwillingssöhnen (7) in Hamburg ☛ Grafikerin ↗ mittagbeimutti. wordpress.com

Was machst du gerade?
Ich knete einen Mürbeteig für eine Chicoréetarte.

Lecker! Bekommst du Gäste?
Nein, die mache ich einfach für mich. Ich arbeite zu Hause. Und weil meine Familie mittags nicht da ist und sowieso am liebsten Spaghetti isst, koche ich mir in meiner Pause immer etwas Schönes.

Und dann bloggst du darüber.
Ach, das mache ich eigentlich nur, damit ich mittags wenigstens virtuell unter Menschen komme. Und das klappt, es gibt viel Austausch. Es wäre spannend, die Leute auch mal im echten Leben zu treffen – ich glaube, wer sich übers Essen versteht, mag sich auch in anderen Bereichen. Genussmenschen ticken ja meist ähnlich.

Kochst du nach Rezepten?
Selten, ich variiere lieber fröhlich drauflos. Manchmal kann ich nachts nicht schlafen, weil ich mir im Kopf noch Sachen zurechtschmecke. Ich koche auch nach Farben. Essen ist ja leider so oft beige. Langweilig! Lila Kartoffeln und knallgrünes Erbsenpüree sind doch viel schöner. Ich hab auch ein großes Herz für trauriges, zurückgelassenes Gemüse. Wenn ich auf dem Markt so einen armen schwarzen Rettich sehe, frage ich mich immer: Wer kauft so was eigentlich? Und dann muss ich den mitnehmen und damit experimentieren.

Stimmt es, dass du auch Fußball spielst?
Ja, meine Söhne haben mich mal „die schlechteste Fußballmama der Welt" genannt – und jetzt spiele ich einfach selbst, zusammen mit den anderen Müttern. Wir haben so viel Spaß! Klar, wir sind keine Granaten im Fußball und wenn wir uns anrempeln, sagen wir auch immer: „Oh, Entschuldigung!" Aber wir haben die schicksten Schühchen der Welt! Und selbst nach unserer letzten 0:13-Niederlage hatten wir noch gute Laune und haben darüber diskutiert, welche Farbe unsere künftigen Trikots haben sollen. Bei einer Flasche Sekt natürlich. ●

2

3

ICH DEN ABWASCH, DU DEN MÜLL

In jeder Liebe wird verhandelt: über die Wahl des Wohnorts, die Gestaltung des Urlaubs oder darüber, wer das kranke Kind von der Schule abholt. Ziehst du dabei oft den Kürzeren? Dann ist es Zeit, deine Diskussionsstrategie unter die Lupe zu nehmen. Drei Fachleute geben Tipps

DIE PAARTHERAPEUTIN

„Frauen fühlen sich schnell egoistisch, wenn sie ihre Bedürfnisse klar äußern", sagt Paartherapeutin Caroline Franssen. Bei Verhandlungen sollten sie sich ein Beispiel an Männern nehmen, die ihre Forderungen geradeheraus stellen.

SIE BEHAUPTEN, DASS MÄNNER GESCHICKTER VERHANDELN ALS FRAUEN. KÖNNEN SIE ERKLÄREN, WARUM?

Schon am Anfang von Verhandlungen neigen Frauen dazu, das „Wir" in den Vordergrund zu stellen. Egal, um welchen Punkt es geht, sie fragen sich: Welche Lösung ist gut für uns beide? Männer denken zu Beginn in erster Linie an sich, äußern sich dazu, was gut für sie selbst wäre. Wenn eine Frau beispielsweise in der Stadt wohnen möchte, ihr Mann aber lieber auf dem Land, würde die Frau in die Diskussion mit einer Kompromisslösung einsteigen. Sie bezieht die Wünsche ihres Partners gleich mit in ihr Eröffnungsangebot ein, etwa indem sie vorschlägt, in ein Dorf unmittelbar an der Stadtgrenze zu ziehen. Sie steckt in Bezug auf ihre eigenen Wünsche und Bedürfnisse von Anfang an zurück. Männer taktieren geschickter. Sie stellen unverblümt Forderungen, denken dabei erst mal an sich. Manchmal gehen ihre Forderungen sogar über ihre tatsächlichen Bedürfnisse hinaus, weil sie wissen, dass sie dadurch taktischen Spielraum für Kompromisse gewinnen. Verhandeln bedeutet nämlich auch, dass am Schluss beide auf etwas verzichten müssen. Wenn man bereits mit einem bescheidenen Wunschpaket beginnt, bleibt am Ende nichts übrig.

DIE FRAU ZIEHT BEI VERHANDLUNGEN DEN KÜRZEREN?

Meistens schon. Häufig beklagen sich Frauen darüber, dass ihre Wünsche und Bedürfnisse in der Beziehung zu wenig berücksichtigt würden, doch die Wurzel des Übels liegt sehr häufig in ihrem mangelnden Verhandlungsgeschick. Denn wenn Frauen nicht von Anfang an ihre Wünsche klar und deutlich äußern, wissen ihre Männer letztlich auch gar nicht, was ihre Partnerinnen wollen, und können ihre Wünsche nicht mit berücksichtigen.

> „Frauen eröffnen Verhandlungen oft schon mit Kompromissen und verzichten sofort auf einen Teil ihrer Wünsche"

SOLLTEN FRAUEN ALSO EGOISTISCHER TAKTIEREN?

Zu Beginn der Verhandlung auf jeden Fall! Frauen sollten zuerst aufhören, an das „Wir" zu denken, und sich stattdessen die Frage stellen: Was will ich? Wie würde ich mein Leben am liebsten gestalten? Bei dieser Selbstreflexion muss sie ihren Partner vollkommen außer Acht lassen. Im Eröffnungsangebot formuliert sie dann sogar noch etwas mehr, als sie eigentlich will. Will sie zwei Wochen in die Karibik fahren, fordert sie drei. Damit bleibt immer noch Spielraum, um auf einen Teil der Wünsche zu verzichten.

DAS KLINGT BERECHNEND UND UNROMANTISCH …

Stimmt. Man muss sich bei solchen härteren Verhandlungen auch bewusst machen, dass sie in eine Sackgasse geraten können. Es kann gereizte Stimmung aufkommen, Momente, in denen es nicht mehr rund läuft. Frauen neigen dann wiederum dazu, sofort nachzugeben, um keinen Streit vom Zaun zu brechen. Doch woher soll unser Partner wissen, dass uns etwas wichtig ist, wenn wir direkt nachgeben? Daher ist es wichtig, nicht aufzugeben, auch wenn ➤➤

die Verhandlungen ins Stocken geraten. Dass es ein bisschen knirscht, gehört zum Prozess, und irgendwann kommt der Moment, an dem beide Parteien überlegen, wie sie wieder aufeinander zugehen können. Man muss solche Tiefpunkte überwinden; erst danach sind beide bereit, auf einen Teil der eigenen Forderungen zu verzichten. Trotz allem wird dieser klare Verhandlungsstil der Beziehung letztendlich auch zugute kommen. Denn eine Frau, die ihre Wünsche konsequent vertritt, ist zufriedener mit sich und mit der Beziehung. Und auch ein Mann wünscht sich natürlich, dass seine Frau glücklich ist.

....

DER PSYCHOLOGIEPROFESSOR

Der emeritierte US-Professor John Gottman hat jahrzehntelang zu der Frage geforscht, was stabile und glückliche Beziehungen ausmacht. Was kann uns dieser erfahrene Fachmann über das Verhandeln bei Konflikten in der Liebe beibringen?

GIBT ES EIGENTLICH THEMEN IN BEZIEHUNGEN, DIE NICHT VERHANDELBAR SIND?

Ja. Ich persönlich unterscheide gern zwischen lösbaren und unlösbaren Problemen. Dabei sind lösbare Probleme letztlich nicht so wichtig für uns, führen nicht so schnell zu Streitigkeiten: Der eine möchte gern einen Abend auf dem Sofa verbringen, während der andere sich mit Freunden verabredet hat. Das kann man leicht untereinander regeln. Unlösbare Probleme entstehen hingegen durch Charakterunterschiede. Oft wirken diese Unterschiede zu Beginn der Partnerschaft attraktiv, auf die Dauer jedoch führen sie zu Streitigkeiten. Der eine hat beispielsweise häufig das Bedürfnis, sich zurückzuziehen, während der andere sich viele gemeinsame Unternehmungen wünscht. Ein solches unlösbares Problem ist komplex, denn es geht um tief verwurzelte Unterschiede von Wünschen oder Überzeugungen. Eine knappe, klare Verhandlung führt da letztlich zu nichts.

BEI UNTERSCHIEDEN IN SACHEN PERSÖNLICHKEIT GIBT ES DEMNACH KEINE KOMPROMISSE?

Im Grunde nicht. Der renommierte Familientherapeut Salvador Minuchin hat einmal gesagt: „Jede Ehe ist ein Fehler, nur können

manche etwas besser damit umgehen." Ich glaube, damit beschrieb er genau dieses Problem. Geht man mit einem anderen Menschen eine langfristige und intime Beziehung ein, lädt man sich damit unweigerlich eine Reihe unlösbarer Probleme auf, mit denen man vielleicht die nächsten zehn bis 50 Jahre immer wieder konfrontiert wird. Sucht man sich einen anderen Partner, dann hat man zwar nicht mehr dieselben Probleme, dafür aber wiederum andere unlösbare Konflikte im Gepäck. Wir haben in unseren Studien immer wieder festgestellt, dass die untersuchten Paare vier Jahre später bei einer Folgebefragung immer noch über genau dieselben Dinge stritten wie in der ersten Befragung. Vier lange Jahre waren vergangen, doch es hätten auch vier Minuten sein können. Indem man die Ecken und Kanten des anderen einfach nur akzeptiert, erspart man sich sehr viel Ärger und Mühe.

> „Wichtige Punkte bespricht man nicht nebenbei. Wähle den richtigen Zeitpunkt für ein Gespräch"

ANGENOMMENEN, MAN WILL DIE UNVOLLKOMMENHEITEN DES ANDEREN EINFACH AKZEPTIEREN: WIE GEHT DAS?

Indem man für das dankbar ist, was man am anderen hat. Aus Dankbarkeit kann sich eine große Kraft in einer Partnerschaft entwickeln. Bestimmt besitzt der eigene Partner zahlreiche Eigenschaften, die man sehr schätzt und liebt. Mache dir diese guten Seiten möglichst oft bewusst. Dadurch verleiht man diesen Seiten nämlich eine größere Bedeutung, was wiederum die Liebe zueinander vertieft. Versuche auf der anderen Seite, dich so wenig wie möglich über die Mängel des Partners zu ärgern. Wenn du deine Frustrationen nährst, indem du dich täglich damit beschäftigst, verstärkst du die negativen Gefühle und wirst immer unzufriedener. Die Folge wird sein, dass man immer mehr auf Distanz geht und sich einsam fühlt. Die Gefahr wächst, dass es zu einem Seitensprung kommt oder sogar zu einem endgültigen Bruch.

WAS IST UNERLÄSSLICH FÜR EINE GUTE VERHANDLUNG?

Dass man sich zutiefst freundschaftlich gegenübersteht, einander mit Zuneigung begegnet. Ich denke da etwa an das Paar Olivia und Nathaniel, die aus der Stadt raus aufs Land ziehen. Sie streiten sich über die Einrichtung des Hauses und darüber, welches Auto sie kaufen sollen: Olivia will einen Kleinbus, Nathaniel einen Jeep. Je länger sie verhandeln, desto lauter werden sie. Plötzlich stemmt sie die Hände in die Hüften, streckt ihm die Zunge heraus, genau wie ihr Sohn es manchmal tut. Er, der weiß, dass sie das öfter macht, kommt ihr knapp zuvor, und beide müssen lachen. Das Beispiel zeigt, dass man Humor, Zuneigung und Freundschaft als magische Waffen bei Konflikten einsetzen kann.

....

DER MEDIATOR

„Wenn man gut zuhört und nicht immer sofort ein Urteil bei der Hand hat, ergibt sich die Lösung eines Problems meist wie von selbst", sagt Mediator Pieter Vermeulen. Aber ist das im Alltag und bei Konflikten wirklich so einfach?

SIE HABEN BEI DER ARBEIT VIEL MIT GESCHEITERTEN EHEN ZU TUN. SPIELT UNGESCHICKTES VERHANDELN EINE ROLLE, WENN BEZIEHUNGEN AUSEINANDERBRECHEN?

Zumindest hat das oft einen sehr ungünstigen Einfluss auf die Entwicklungen in einer Beziehung. Man erlebt es häufig, dass vor allem die Frauen in der Partnerschaft mit ihren Bedürfnissen und Vorstellungen ein wenig untergehen. Um des lieben Friedens willen akzeptieren sie Dinge, die sie eigentlich nicht einfach schlucken und hinnehmen sollten. Kommt es dann zum endgültigen Bruch und zur Scheidung, wird vielen Frauen plötzlich klar, dass sie nun nicht mehr alles klaglos hinzunehmen brauchen. Sie verfallen dann oft ins komplette Gegenteil: Die aufgestaute Verbitterung bricht sich Bahn, mit einer rücksichtslosen Haltung verweigern sie häufig jegliche Verhandlung. Damit es so weit erst gar nicht kommt, sollte man rechtzeitig lernen, innerhalb der Beziehung für die eigenen Interessen einzustehen.

SIE MEINEN, BESSER, MAN STREITET SICH, BEVOR DIE SCHEIDUNGSPAPIERE AUF DEM TISCH LIEGEN?

Genau, denn dann ist es definitiv zu spät. Doch zum Glück kann man Verhandeln ja auch üben und lernen. Dazu muss man zunächst verstehen, was der Partner wirklich will, was ihm wichtig ist. Das gelingt, indem man sich bemüht, aufmerksam zuzuhören, und die Argumente des anderen in eigenen Worten wiederholt. Man sagt zum Beispiel: „Wenn ich dich richtig verstehe, möchtest du auch in diesem Jahr wieder nach Frankreich fahren, weil du schöne Erinnerungen daran hast und die Kinder sich dort wohlfühlen?" Das gibt dem anderen das Gefühl, dass auf ihn eingegangen wird. Gleichzeitig hat man sich eine gute Basis geschaffen, um selber etwas zu dem Thema sagen zu können. Darüber hinaus ist es wichtig, dass man nicht sofort ein Urteil parat hat. Natürlich ist es verführerisch, mit seiner Meinung nicht hinter dem Berg zu halten und rauszuposaunen: „Oh nein, nicht schon wieder Frankreich! Dazu habe ich echt keine Lust!" So eine Bemerkung schafft Zündstoff. Sie ruft beim Partner das Gefühl hervor, herabgesetzt zu werden. Er fühlt sich, als hätte er in der Angelegenheit nichts zu melden. Wenn man aber die Fähigkeit schult, zuzuhören und sich wertfrei zu äußern, kommt man bei einer Verhandlung oft von selbst zu einer Lösung.

WENN MAN SICH GAR NICHT EINIG IST, FÄLLT ES ABER DOCH SCHWER, NICHT IMPULSIV ZU WERDEN …

Stimmt, es erfordert Übung. Der Trick: Man muss in Zeitlupe tun, was man sonst in Nanosekunden tut, nämlich sich eine Meinung bilden. Die Technik nennt man Mentalisation. Man achtet genau darauf, was gerade geschieht und was das mit einem macht, ohne es zu beurteilen – und auch ohne den Partner zu verurteilen.

„Humor, Zuneigung und Freundschaft sind magische Waffen bei Konflikten"

GIBT ES DENN NOCH WEITERE PUNKTE, DIE MAN IM KONFLIKT BEACHTEN SOLLTE?

Wähle den richtigen Zeitpunkt für eine Verhandlung. Wichtige Punkte bespricht man nicht nebenbei, so überfällt man den Partner nur. Dennoch wählen viele Menschen genau diese Taktik. Die Logik dahinter: Man will alles Problembeladene so klein halten wie möglich, ihm nur wenig Raum geben. Dahinter steckt meistens die Angst, dass der Schmerz einen überwältigen könnte, wenn man der Wahrheit ins Auge sieht. Diese Art Vermeidung ist verständlich, aber sie ist nicht besonders hilfreich.

WELCHEN RAT KÖNNEN SIE UNS NOCH GEBEN?

Öfter mal an sich selbst denken. Männer und Frauen, die zusammen Kinder haben, erfüllen ja drei verschiedene Rollen: Sie sind Eltern, Partner, und sie haben eine individuelle Persönlichkeit. Gute Kommunikation zeichnet sich dadurch aus, dass man über diese verschiedenen Rollen miteinander verhandeln kann. Wenn es um die Kinder geht, können sich die Partner meist einigen, doch gerade Frauen vergessen oft, auch mal zu sagen, was sie für sich persönlich brauchen. Sorgfältig in sich hineinzuhorchen und auch mal etwas allein zu unternehmen kann da hilfreich sein. Wenn man etwa die Natur liebt, der Partner aber ein Bewegungsmuffel ist, der lieber vor dem Fernseher sitzt, könnte man natürlich fordern, dass er trotzdem mitkommt. Aber man könnte auch ganz einfach allein spazieren gehen. ●

TEXT **OTJE VAN DER LELIJ** ILLUSTRATION **DEPEAPA**

„Ich wollte vor allem anders leben, bloß nicht spießig"

Die Künstlerin und Comiczeichnerin Ulli Lust ist eigentlich Abenteurerin. Sie wurde mit 18 ungeplant Mutter, zog spontan in eine fremde Stadt und hielt sich lange mit vielen kleinen Jobs über Wasser, um ihre Kunst machen zu können. Hier erzählt sie über ihre Vergangenheit, Gegenwart und Zukunft

Ich mit 13 und mal wieder am Lesen

Kunststudium in Berlin

Wandern statt Meer

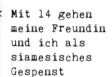
< Mit 14 gehen meine Freundin und ich als siamesisches Gespenst

Meine ältere Schwester und ich

ULLI LUST

Das erste Mal mit Pony

Als junge Mutter mit Sohn Philipp und Bruder Clemens

Mit acht Jahren wie immer in den Bäumen

Fasching 1978, mein Lieblingskostüm

NAME: Ulli Lust
GEBOREN: Wien, Österreich, 1967
BERUF: Comiczeichnerin
Ulli Lust gilt als eine der wichtigsten deutschsprachigen Comiczeichnerinnen. 2009 erschien ihre autobiografische Graphic Novel *Heute ist der letzte Tag vom Rest deines Lebens*. Dafür erhielt sie u.a. 2010 einen der wichtigsten deutschen Comicpreise sowie 2011 beim Comicfestival von Angoulême eine der renommiertesten europäischen Auszeichnungen. 2013 erschien ihre Comic-Adaption des Marcel-Beyer-Romans *Flughunde*. Seit vergangenem Jahr lehrt sie außerdem als Professorin an der Hochschule Hannover Comic und Illustration. Dieses Jahr gewann sie den Los Angeles Times Book Prize in der Sparte Graphic Novel. Ulli Lust hat einen erwachsenen Sohn und lebt in Berlin.

Vergangenheit

„Ich komme aus einer Großfamilie und wuchs auf dem Land auf. Doch für eine abenteuerlustige 14-Jährige ist das Landleben irgendwann ungeheuer deprimierend"

„Ich wuchs auf dem Land auf in einem Dorf in Niederösterreich mit 350 Einwohnern, von denen die meisten über 60 waren. Die tschechische Grenze, der Eiserne Vorhang, lag nur sieben Kilometer entfernt. Deshalb ging der Blick nach Süden, denn im Norden war die Welt zu Ende. Dort war das Reich des Bösen. Als Kind wurde mir erzählt, die würden einen sofort erschießen. Gleichzeitig lebte ich sehr behütet in einer bäuerlich geprägten Großfamilie. Ich habe drei Geschwister, eine ältere Schwester, eine jüngere, später kam mein Bruder dazu. Mein Vater war Beamter, meine Mutter Winzerin, sie besaß etwas Land, und wir Kinder halfen selbstverständlich mit. Meine Mutter musste das als Kind ständig tun, hatte nie Zeit zum Spielen – da war sie bei uns moderner. Sie nähte Puppenkleider mit uns, war sehr aufmerksam. Einerseits bekamen wir den Freiraum, um uns auszutoben, andererseits gab es den Garten und eben unsere Aufgaben. Meine Mutter baute selbst an, was wir aßen, und bei der Verarbeitung der Ernte mussten wir helfen. Als Kind habe ich das gehasst, im Nachhinein bin ich froh darüber. Dadurch habe ich gelernt, mit großen Mengen umzugehen – ich habe keine Angst vor ihnen. Ich kann Berge von Kartoffeln schälen und weiß: Irgendwann bin ich fertig. Das ist tatsächlich eine Konditionierungsfrage. Ich merke bei den Studenten heute, dass viele nicht die geringste Vorstellung davon haben, was ein Arbeitspensum ist – die machen eine Skizze und fühlen sich toll, weil sie etwas geschafft haben.

Ich fand meine Kindheit gut und meine Eltern richtig super. Ich hatte immer das Gefühl, großes Glück mit ihnen zu haben – auch während meines Pubertätsschubs.

Nie hätte ich sie für etwas verantwortlich gemacht. Damals hatte ich zwei beste Freundinnen, die eine war sehr gescheit, die andere sehr sportlich. **Ich war die mit der Fantasie. Die, die Löcher in die Luft schaute und die man ein bisschen anstupsen musste. Ich hatte die guten Ideen, inszenierte Theaterstücke mit meinen Freundinnen, zeichnete und schrieb Geschichten.** Alles Beschäftigungen, die auf dem Land keinen Wert hatten. Dort nutzte man die kreative Begabung, um Torten zu verzieren oder Blumengestecke zu machen. Kunst als Lebensaufgabe? Völlig unverständlich. In der Schule langweilte ich mich im Kunstunterricht. Als ich mit 15 die Prüfung für die Modezeichnerschule in Wien bestand, fragte mein Lehrer am Gymnasium verwundert: „Was, du kannst zeichnen?"

Alles, was ich wollte, war in die Stadt – für eine 14-Jährige mit einem unglaublichen Abenteuerdrang ist das Landleben unglaublich deprimierend. Da spaziert man mit der Freundin die Landstraße entlang und wartet, dass ein Auto vorbeikommt, in dem ein paar hübsche Buben sitzen könnten. Mein Verdacht ist, dass meine Abenteuerlust zum Teil durch meinen Lesehunger geschürt wurde – ich wusste einfach, was es noch gibt. Die Bücher haben mir viele spinnerte Ideen in den Kopf gesetzt.

Für die Modezeichnerschule zog ich mit 15 nach Wien. Meine ältere Schwester war auch dort, und wir lebten in dem Klosterinternat der Salesianerinnen. Nach Schulschluss musste man ins Internat zurück, zum Ausgehen brauchte man eine Genehmigung. Um sechs gab es Essen, zwischen sieben und acht war Studierstunde und um zehn das Licht aus. Im ersten Jahr hatte ich noch Heimweh, im zweiten Jahr lernte ich das Punkmädchen Hexe aus Tirol kennen, die zur Strafe dort war. Mit der bin ich losgezogen, in die Disco, in besetzte Häuser. Ich fand die Punks cool, die Outfits faszinierten mich. Abends, wenn wir ausgingen, habe ich mich umgezogen – mich „verkleidet", mein echtes Inneres nach außen gekehrt. Dann sah ich wilder aus, mit auftoupierten roten Haaren.

Schließlich kauften meine Eltern eine kleine Wohnung, dort wohnten meine Schwester und ich allein. Ab da war es vorbei. Ich kam nachts nicht mehr nach Hause, schwänzte, war auf einem völlig anderen Dampfer unterwegs. Die Schule schrieb einen Brief, dass ich aufgrund der Fehlstunden abgehen müsste. Ich genoss zwar mehr Narrenfreiheit in der Familie, aber es war doch ein Schock für meine Eltern, als sie merkten, wie wenig ich das herbeigesehnte Studium noch betrieb. Mit fast 17 meldete ich mich ab, und meine Eltern beschlossen, dass ich eine Lehre in einem Kleidergeschäft im Nachbardorf machen sollte. Zwei Monate ging ich hin. In dieser Zeit verfiel ich regelrecht – wurde apathisch, kritzelte meine Tagebücher voll mit Selbstmordplänen. Noch kurz vorher hatte ich mit meinen Punkfreunden abgehangen, plötzlich stand ich mit Kittelschürze in einem Laden. Im Rückblick würde ich mich in dieser Phase als schwer depressiv bezeichnen. Für meine Eltern war das so bestürzend, dass sie mir erlaubten, wieder nach Wien zu gehen. Das war in dem Moment nicht das Beste für mich, auf lange Sicht aber doch. Denn aus den folgenden Abenteuern entstand das Buch, mit dem ich heute so erfolgreich bin."

➤➤

Gegenwart

„Ich machte eine Reise und lernte, dass die Welt böse ist und schlecht. Aber ich lernte auch das Abenteuer kennen – das war wichtig und gut"

„Ich versprach meinen Eltern, mir einen Job zu suchen, stattdessen lud ich meine Punkfreunde in die Wohnung ein. Es waren Sommerferien, meine Schwester weg. Dann verloren wir den Schlüssel. Drinnen war ein Riesenmüllhaufen, weil an die zehn Punks mehrere Wochen dort gehaust hatten. Statt den Schlüsseldienst zu rufen, zogen wir in die nächste Bude. Zu Hause meldete ich mich nicht, weil ich dachte, die schimpfen eh nur. Heute ist es mir ein völliges Rätsel, wieso ich so rücksichtslos war. Vielleicht lag es an den Hormonen. Ich war total ignorant, wollte anders leben, nicht spießig, sondern radikal sein. Nicht das, was Eltern für ihre Kinder wollen. Dennoch finde ich es nicht schlecht, wenn Kinder das Gegenteil von dem tun, was die Gesellschaft sich wünscht, damit sie später verstehen, warum es doch Sinn macht.

Mein Buch *Heute ist der letzte Tag vom Rest deines Lebens* fängt in der Phase an, als ich in dieser Wohnung lebte. In der Zeit lernte ich Edi kennen, eine der wenigen Punkerinnen. Wir zogen von einer Bude zur nächsten, bettelten, brauchten nicht viel. Totale Herumtreiberei. Dort, wo wir die meiste Zeit abhingen, waren aber auch Schwerverbrecher und Säufer. Die Atmosphäre war latent bedrohlich, aber das fand man cool. Meine Eltern wussten davon nichts, hatten nur riesige Angst. Nachdem ich mich Wochen nicht gemeldet hatte, kamen sie nach Wien, sahen die Wohnung und gaben eine Vermisstenanzeige auf. In dieser Zeit zeichnete ich wenig, fand mich nicht gut, wollte voll im Hier und Jetzt leben. Dann erzählte Edi, sie sei mal an der Grenze zu Italien erwischt worden, und ich sagte: „Ich war noch nie am Meer." Edi antwortete: „Fahren wir halt."

Wir waren auch mal drei, vier Wochen jede für sich unterwegs. Als ich eines Tages in Palermo ankam – draußen dunkel, ich allein –, war da ein junger Mann, ein Vagabund wie ich. Er wohnte in einer Strandhütte. Ich ging mit ihm, weil ich Schutz brauchte, dafür schlief ich mit ihm. Das war keine große Sache für mich, doch dann kam noch ein Typ in die Hütte, ein Freund des anderen, da wollte ich nicht mehr. Dummerweise war er sehr energisch. Nach der Vergewaltigung war ich bedrückt und fertig. Vor allem, weil mir klar wurde, wie schutzlos ich war und dass ich auf der Straße unter all den Männern keine Chance hatte, so frei zu sein, wie ich wollte. Von der Reise lernte ich also, dass die Welt böse ist und schlecht und wie es ist, völlig allein zu sein und nichts zu haben. **Ich lernte meine Familie zu schätzen, die Geborgenheit von Menschen, die Gutes wollen, auch wenn sie ein bisschen langweilig sind. Und ich lernte das Abenteuer kennen – das war gut und wichtig. Ich habe das nie bereut.** Für mich war diese Reise ein bisschen wie im Märchen: Da zieht der Jüngste los, um gefährliche Abenteuer zu bestehen und erwachsen nach Hause zu kommen. Eine naive Idee, aber berechtigt. Mich ärgert, dass ich oft gefragt werde, warum ich nicht in mein Elternhaus zurückkehrte. Das empfinde ich als beleidigend. Einen männlichen Helden würde man das nicht fragen. Ein paar Monate später, zurück in Wien, wurde ich ungeplant schwanger. Meine Mutter war zu der Zeit im Krankenhaus, ich sorgte zu Hause für den Haushalt und meinen Vater. Als sie zurückkam, übergab ich mich ständig, und meine Mutter konnte dieses Zeichen lesen. Der Arzt stellte fest, dass ich im dritten Monat war, und sagte: „Wenn

Sie das Doppelte zahlen, mache ich den Abbruch." Meine Mutter willigte ein. Am Tag vor dem Termin nahm sie mich zur Seite und sagte: „Schau, ich kann keine Kinder mehr kriegen, aber ich hätte gern noch eins." Da war sie Anfang 40. „Wenn du das Kind bekommst, wohnt es bei uns, und wenn du es später zu dir nehmen möchtest, tust du das." Ich dachte: „Na gut, dann mache ich einmal in meinem Leben eine Sache richtig." Der Plan war, das Kind zu bekommen und mir ein halbes Jahr später Arbeit zu suchen. Die Schwangerschaft fand ich schrecklich. Ich war traumatisiert nach der Reise, hatte geistig viel zu verarbeiten und schaute nur zu, wie dieser Bauch wuchs. Ich baute keine Bindung zum Kind auf. Mein Sohn kam zehn Tage nach meinem 18. Geburtstag zur Welt. Und plötzlich fand ich ihn toll, niedlich und süß und war glücklich.

Philipp wuchs bei meinen Eltern auf, ich habe ihn nie zu mir genommen, ich lebte auf sehr prekärem Niveau. Dort hatte er meinen Bruder und ein Haus mit Garten. Philipp fand es super, dass er zwei Mütter hatte. Ich war für die Unterhaltung zuständig, meine Eltern für den Rest. Ich sah ihn an den Wochenenden.

Mit 28 hatte ich plötzlich Träume von Kindern, die ich im Arm halte. Das ging zehn Jahre lang so. Immer wiederkehrende Visionen, wie ich ein Baby halte. Ich meine, dass das nichts mit einem realen Wunsch zu tun hatte. Ich habe ja meine künstlerische Arbeit, die enorm intensiv ist – ich habe mich nie als sorgende Mutter gesehen, sondern eher wie eine Nonne, die die Intensität einer Idee verfolgt, geistiges Wachstum." ➤➤

So sehe ich aus, wenn ich mich selbst zeichne

Philipp mit 12 bei einem Besuch in Berlin

Ich mit 32 Jahren

Kai und ich sind seit 16 Jahren ein Paar

Zehnjahresfeier mit den *Spring*-Kolleginnen

‹ 2006: Philipp und ich im Automaten. Mein Sohn trägt jetzt Rastalocken

Einige Jahre trug ich nur Grün

Auf dem Comic-festival in Rio

Zukunft

TEXT **MERLE WUTTKE** FOTO **PETER RIGAUD, MANFRED BOGNER** STYLING/MAKE-UP **MANUELA KOPPY**

„Es dauerte fast 25 Jahre, bis ich fand, was ich gut kann – nämlich Comics zeichnen. Bis dahin habe ich viel probiert, unter anderem bei einer freien Theatergruppe mitgemacht, war Kostümbildnerin, Grafikdesignerin, Ton- und Lichttechnikerin – auf die Bühne wollte ich nie. Auch Kinderbücher illustrierte ich. Alles keine Supererfolge. Schließlich ging ich zum Studieren nach Berlin – auch so eine spontane Entscheidung. In der Info zu einem meiner Kinderbücher stand nämlich fälschlicherweise drin, dass ich dort studiert hätte, was nicht stimmte. Ich hatte ja bis dahin gar nicht fertig studiert. Dann lag ich nachts im Bett und dachte: Warum nicht? Also rief ich in Berlin an und fragte, ob ich als Gasthörer kommen könnte. Ich konnte. Erst mal für ein halbes Jahr, der Philipp war schon elf, und auch meine Eltern fanden das okay. **Berlin war großartig, paradiesisch, toll. Ich lebte hier auf. Nach zwei Jahren konnte ich mich richtig einschreiben, sogar meine strenge Großmutter gab mir Geld. Ich hatte auf einmal eine künstlerische Existenzberechtigung. Und das Studium war gigantisch.** Ich merkte schnell, dass ich im Kinderbuch nichts mehr lernen konnte. Das ließ ich nach kurzer Zeit sein, dort ist man zu eingeschränkt, es muss immer alles nett sein, es darf nichts passieren. Ich bin aber nicht nur lieb. Ich begegnete an der Hochschule auch dem Comic und stellte fest – dieses Comicerzählen für Erwachsene, das ist genau mein Ding. Es gab eine Gruppe Studenten, die sich mit Comics beschäftigten. Die führten mich sozusagen ein, nahmen mich zu einem Comicfestival mit. Einer von ihnen, Kai Pfeiffer, der bis heute mein Lebenspartner ist, war schon lange Experte. Ich lernte ihn kennen, als er im Computerstudio saß und erstaunlich versaute Zeichnungen ein-

scannte. Das weckte mein Interesse, er wirkte so brav und unschuldig. Später stellte sich heraus, er war weder das eine noch das andere – und die Zeichnungen nicht von ihm. Wir verstanden uns prächtig, und das hält bis heute an, ich schätze ihn als Künstler, und wir haben auch nach 15 Jahren noch genügend Gesprächsstoff.

Dann hatte er die Idee, wir könnten Comicreportagen machen, und das war eine Initialzündung, diese Verbindung aus dokumentarischem Comic und Autorenhaltung. Als ich eine Geschichte suchte, überredete Kai mich, meine Reise zu zeichnen. Ich zögerte zuerst, weil ich diese Teenagerabenteuer bisher verschwiegen und kein Interesse am autobiographischen Erzählen hatte. Aber die Story war zu gut: Es geht um weibliches Selbstverständnis, Kampf der Kulturen, Patriarchat, so viele Aspekte, die sie perfekt machten, um sie literarisch umzusetzen. Zu der Zeit gab es nicht viele Verlage, die ein solches Buch machen wollten oder konnten, einer hatte schon abgesagt, als ich mit der Arbeit anfing, aber ich wusste, ich muss das Buch fertig machen – dazu gab es keine Alternative. Ich hatte zwar schon immer Existenzängste, aber bei dem Buch hatte ich Panik – mir war klar, wenn das nichts wird, verkaufe ich Brötchen oder so. Man braucht halt sein eigenes Buch als Comiczeichner. In den vier Jahren, während ich es zeichnete, arbeitete ich in Cafés, illustrierte Schulbücher, machte den ganzen bunten Strauß dummer kleiner Jobs. Aber dann war es fertig. Sein Leben so aufgezeichnet zu sehen ist schräg. Andererseits ist es nicht wirklich das eigene Leben, sondern eine Auswahl. Man spitzt zu, konzentriert sich auf bestimmte Punkte – ich habe mich hübscher gemacht, war damals dicker. Seit dem Buch könnte ich vom Comic-

zeichnen leben, aber dank der Professur, die ich seit letztem Jahr habe, muss ich sowieso nicht mehr ständig rechnen. Das ist neu für mich. Ich kann das irrsinnig genießen, diese Sicherheit ist wie ein Geschenk, das plötzlich über mich kam. Für Anerkennung brauche ich den Hochschuljob nicht, die bekomme ich so. Aber die inhaltliche Ausrichtung ist genau richtig, die Kollegen sind supernett, und ich mag die Studenten. Ich muss mich nicht verbiegen, kann das Niveau halten. Der Vorteil der Professur ist außerdem, dass ich mich in der freien Zeit aufs Zeichnen konzentrieren kann. Jetzt arbeite ich wieder an einem autobiografischen Buch, das knüpft nicht direkt an *Heute ist der letzte Tag vom Rest deines Lebens* an, aber irgendwie schon, ich habe das ja als Trilogie angedacht. Die Figur darin hat sich verändert, ist ein bisschen vernünftiger geworden, pflegt aber einen liberalen Lebensstil, zum Beispiel in einer sehr soliden, mehrere Jahre dauernden Beziehung zu zwei Männern gleichzeitig. Selbstverständlich wussten beide voneinander. Ich brauche dieses neue Buch für meinen Kopf, sonst schläft der ein. Habe ich Pläne? Für die Trilogie brauche ich zehn Jahre, und in 20 Jahren gehe ich in Pension, denn ich krieg ja jetzt eine, das ist cool. Und nie im Leben werde ich nach Wien zurückkehren. Ansonsten bin und bleibe ich Künstlerin, das ist mein Leben. Ich brauche weder Atelier noch Urlaub. Ich möchte nachts kritzeln können, weil ich viel im Bett zeichne. Ich schlafe ein, und dann rühre ich alles um im Kopf, und morgens komme ich einer Idee näher. Außerdem bin ich eigenbrötlerisch, je mehr man allein ist, desto plastischer werden die Bilder. Ich kann mir vorstellen, mal Oma zu sein, da ist ja immer noch das Bild von dem Baby, das ich halte – das wird dann eben in der Großmutterschaft sein." ●

GIB DEINEM LEBEN MEHR FLOW

TRÖDELN & TAG-TRÄUMEN

WIE FERIEN IN BULLERBÜ

Oder warum das Leben in Schweden so einfach zu sein scheint

Vor fünf Jahren wanderte die Schriftstellerin Wendy Schouten mit ihrem Mann und den vier Kindern nach Schweden aus. Heute schwärmt sie von der weiten Natur, von der Ruhe, die sie gefunden hat, ihrem Haus und davon, wie einfach und stressfrei das Leben dort ist. Ein paar Kleinigkeiten vermisst sie allerdings doch

Ich weiß noch, wie ich einmal zu meinem Mann sagte: „Es fühlt sich an, als würde einem hier jeden Tag jemand über den Kopf streicheln"

„Guck mal, Mama, das hier ist das Schneckenparadies!", ruft Livius (7), als ich ihm durch ein Wirrwarr von welken Rhabarberblättern in den Gemüsegarten hinter seinem Kindergarten folge. „Hier veranstalten wir immer Schneckenrennen", erzählt er, während er mir stolz einen Eimer voller Schnecken zeigt. Als wir kurz darauf seine Schwester Pilar (9) von der Schule abholen, sitzt sie hoch oben in einem Baum und erzählt von dem Dachsbau, den sie vorhin mit der Klasse im Wald angeschaut hat. Zu Hause angekommen, setze ich erst einmal Teewasser auf, während Pilar und Livius mit ihren Steckenpferden hinausrennen, um für den restlichen Nachmittag in ihrem selbst gebauten Stall zu spielen. Ein Tag wie jeder andere, doch ein Gefühl wie im schönsten Urlaub.

Obwohl wir eigentlich nicht so viel anders leben als zuvor, sind Hektik und Stress aus unserem Alltag verschwunden, seitdem wir in Schweden wohnen. Die Natur und die Weite machen den Unterschied. Das Land ist etwa elf Mal so groß wie die Niederlande, gut ein Viertel größer als Deutschland, hat aber nur neun Millionen Einwohner und besteht zu mehr als der Hälfte aus Wald. Und während sich in Deutschland 227 Menschen auf einem Quadratkilometer tummeln, sind es in Schweden nur 21. So viel Raum spendet Ruhe, was man vor allem den Kindern deutlich anmerkt. Seitdem wir hier leben, haben sie sich quasi in Zenbuddhisten verwandelt und damit ihren Klassenkameraden angeglichen. Anfangs fragten wir uns, ob die eigentlich ganz normal wären, doch nach einer Weile wurden unsere Kinder genauso. Auf einmal standen sie wie brave Schäfchen in der Schlange am Flughafen und guckten gelassen durch die Gegend, anstatt kreischend auf den Fluren um die Wette zu rennen.

NICHTS AUSSER RUHE UND SCHÖNHEIT
Woran liegt es, dass schwedische Kinder so entspannt sind? Ich denke, daran, dass sich hier ihre Energie nicht aufstaut oder sie versuchen müssen, lauter als ihre Umgebung zu sein. Die größte Veränderung bewirkt die Natur selbst. Je stiller und leerer sie ist, desto mehr passt man sich ihr an. Ich weiß noch, wie ich einmal im Winter meinen Sohn Petterson (11) suchte, weil er nicht von der Bushaltestelle nach Hause gekommen war. Er war nirgends zu sehen, bis ich ihn in seinem Skianzug mitten auf einem schneebedeckten Acker liegen und die Schneeflocken beobachten sah, die auf ihn niederrieselten. Ab und zu aß er dabei ein Häppchen Schnee.

Auch auf mich hat die Umgebung von Anfang an eine wohltuende Wirkung. Plötzlich ist um mich herum nichts mehr außer Ruhe und Schönheit. In den Fenstern unseres Hauses spiegeln sich Tannenwälder, Hügel, Seen und die Hirsche, die von den Äpfeln in unserem Garten naschen. Kleine Kunstwerke, gemalt von der Natur. Wohin ich auch fahre, überall blicke ich auf Hügel mit entzückenden roten und gelben Häuschen. Die Welt stürmt nicht mehr auf mich ein, sondern ich blicke ins Weite. Das entspannt meine Augen. Ich sehe mittlerweile schärfer und träume angenehmer. Und dann diese Gerüche! Intensive Düfte von Gras, Tannennadeln, Moos, Pilzen, Holz und Blüten umgeben unser Haus. Ich muss nur die Tür öffnen und tief einatmen, um vollkommen zu entspannen. Im Sommer laufen wir direkt vom Schlafzimmer aus raus und über die Wiesen, ohne dabei einem Menschen zu begegnen. Unter diesen Umständen brauche ich weder Aromatherapie noch Yoga, Meditation oder Urlaub, um abzuschalten.

IN HARMONISCHER GESELLSCHAFT
Schon nach einigen Wochen in Schweden merkte ich, dass ich eine nachsichtigere Haltung mir selbst gegenüber entwickelte, weniger streng über mich urteilte. Ich weiß

1. Wendys Sohn Livius mit Papa Zeno
2. Pilar und Freundin Jorid streunen den ganzen Tag mit ihren Steckenpferden durch die freie Natur
3. Zico auf der Suche nach den höchsten Äpfeln

....

noch, wie ich einmal zu meinem Mann Zeno sagte: „Es fühlt sich an, als würde einem hier jeden Tag jemand über den Kopf streicheln." Er empfand es ähnlich. Jetzt erst fiel uns auf, wie stark Platzmangel und Enge unseren Alltag bestimmt hatten und wie viel Ärger man deswegen täglich ausgesetzt war. Denn egal ob in den Niederlanden oder in Deutschland, im öffentlichen Raum herrscht immer Druck. Hier nicht. Nirgends ein Stau, überall Parkplätze und keine Verbote für Kinder, auf Bäume zu klettern. Bildet sich mal eine lange Schlange vor der Kasse, gerät niemand in Hektik, sondern alle warten in Ruhe, bis sie an der Reihe sind.

Durch die dünne Besiedelung, die Armut in früheren Zeiten sowie die langjährige sozialistische Politik sind die Schweden von dem Gefühl durchdrungen, einander zu brauchen und gut füreinander sorgen zu müssen. Sie streben nach Harmonie und Zusammenarbeit und greifen selten jemanden direkt an. Probleme bei der Arbeit oder in der Schule werden nie persönlich betrachtet, sondern als Gruppenproblem behandelt, für das man gemeinsam eine Lösung sucht. Und Kritik wird stets auf eine Art und Weise geübt, die dem anderen nicht schadet oder ihn verletzt – ganz anders als in den Niederlanden oder auch in

Deutschland, wo die Menschen mehr auf Konkurrenz gepolt sind und nicht davor zurückschrecken, einen anderen ungefragt negativ zu kommentieren. Wir sind so viele, dass wir konstant unser Territorium abgrenzen und uns mit lautem, auffälligem Verhalten in Szene setzen. Das ist zwar nachvollziehbar, fühlt sich deswegen aber noch lange nicht gut an. Deshalb könnten wir in diesen Ländern eine ähnlich freundliche und respektvolle Haltung wie die der Schweden gut gebrauchen.

„NIMM ES LEICHT" UND „GUT GENUG"
Ob im Job oder im Alltag, die Schweden lassen es ruhig angehen. Das allgemeine Motto lautet: „Ta det lugnt" („Nimm es leicht"). Ausländer wundern sich oft über die „afrikanische Mentalität", dieses „Verschiebe ruhig auf morgen, was du heut nicht kannst besorgen". Damit rechnet man nicht in einem so modernen und wohlhabenden Land. Dennoch lebt man hier genau so – was beweist, dass man auch in einem ruhigen Tempo viel erreichen kann. Auch dabei scheint die Natur eine wichtige Rolle zu spielen, denn ihre Größe relativiert die eigene Bedeutung. Meine übliche Hektik, um die Kinder nicht zu spät von der Schule abzuholen, fühlte sich jedenfalls ziemlich absurd an, als ich kurz nach unserer Ankunft in Schweden mit mächtigen

Moonboots und wehenden Haaren durch den meterhohen Schnee zu meinem Auto stapfte und mich niemand beobachtete außer einem erstaunten Schaf. Dieser gekünstelte Stress ist vollkommen unnötig, denn selbst wenn man mal Termine verschläft oder zu spät kommt, drohen keine Konsequenzen. Die Schweden sind darüber nicht so schnell verstimmt. Und falls ich einmal zu spät zur Schule komme, chillen meine Söhne Zico (13) und Petterson lässig mit ihren Freunden auf einer Bank, während die Eichhörnchen um sie herumspringen. Diese Erfahrungen haben mich sehr viel lockerer gemacht, jetzt lasse ich mich nicht mehr so leicht aus der Ruhe bringen. Termin verpasst? Dann vereinbare ich eben einen neuen.

Wegen der politisch eher sozialistischen Tradition muss man in Schweden nicht um jeden Preis durch Leistung glänzen. Die Schweden tun am liebsten alles „lagom". Das bedeutet „gut genug", aber auch: „genau richtig". Das sagt alles. Der Mittelweg ➤➤

1. Mit guten Freunden am Tisch im Garten
2. Wendy vor der alten Scheune
3. Der riesige Garten, den manchmal Füchse oder Hirsche besuchen
4. Livius kommt mit dem Fahrrad nach Hause

....

ist das Ziel der Schweden und nicht, alles aus sich herauszuholen. Sie lassen es auf der Arbeit ruhig angehen, gönnen sich Pausen und nehmen sich ausreichend Zeit zum Essen. Kinder werden erst mit sieben Jahren schulpflichtig, und bis zum zehnten Geburtstag gilt: „Allt ska vara roligt" („Es muss vor allem Spaß machen"). Schön, wenn die Kleinen schon die ersten Versuche im Rechnen und Lesen machen, aber noch besser ist, sie spielen, klettern auf Bäume und essen gut – finden die Schweden. Anfangs machte ich mir deswegen Sorgen. „Wie bitte?! Du hast heute nur Giraffen gemalt und fünf Pausen gehabt?" Doch aus dem Nichts entwickelten sich ganz wunderbare Talente. Das, was sowieso in den Kindern steckte, erhielt die Chance, sich zu entfalten. Petterson, an den ich in der alten Heimat und bei all dem Stress kaum herangekommen war, führte plötzlich ellenlange Gespräche mit mir, benutzte Wörter, von denen ich nicht einmal wusste, dass er sie kannte. Er ließ

keine Sachen mehr in der Schule liegen, verpasste nie mehr den Bus und trug ständig die Einkaufstaschen für mich. Die anderen entpuppten sich ganz unerwartet als Küchenprinz, Pferdeflüsterer und leidenschaftlicher Sänger.

INNERE EINKEHR

So wie Licht und Wärme die Italiener auf die Straße ziehen und ihnen ihr Temperament verleihen, ist hier in Schweden eine umgekehrte Tendenz spürbar. Der Mangel an Licht und die Kälte zwingen die Menschen ins Innere, treiben einen ins Haus und in die Stille hinein. Dadurch lauscht man mehr in sich hinein. Es fehlt auch oft einfach Gesellschaft, weil man so weit auseinander wohnt. Alle diese Faktoren machen die Schweden zu einem eher introvertierten Volk. Das kam mir anfangs merkwürdig vor. Die Leute grüßen nicht ständig, sehen einander weniger an und kommen niemals unangekündigt zu Besuch. Nach einer Weile merkte ich jedoch, dass diese Art des Miteinanders allen mehr Ruhe schenkt. Es ist ziemlich angenehm, sich nicht ständig im „Sozialmodus" zu befinden, beim Einkaufen zu Boden zu schauen und etwas mehr auf seine eigenen Bedürfnisse zu achten. Wir sind hier alle ein wenig introvertierter geworden, fester in uns selbst verankert. Das merke ich haupt-

sächlich, wenn ich in den Niederlanden zu Besuch bin. Ich lasse mehr an mir vorüberziehen und grüße nicht ständig Hinz und Kunz. Die scheinbare Distanziertheit der Schweden ist in Wahrheit eine Kombination aus Introvertiertheit und Höflichkeit. Sie wollen sich nicht aufdrängen. Wenn man sie kennenlernt, sind sie jedoch sehr herzlich, und so begrüßen sie einander auch: nicht mit drei schnellen Luftküssen, sondern mit einer liebevollen Umarmung, bei der man die Herzen aneinanderdrückt.

ZWISCHEN LICHT UND DUNKELHEIT

Alle zwei Wochen holen wir Trinkwasser von einer Quelle im Wald, und bei Kälte legen wir das Schaffell vor den Kamin und fachen ein Feuer an. In Livius' Schule haben kürzlich alle Eltern gemeinsam das Außengelände winterfest gemacht. Wir harkten Blätter, entzündeten ein Lagerfeuer, pressten Apfelsaft, machten Gemüse für den Winter ein und aßen anschließend in der Sonne Herbstsuppe. Unser Alltag ist untrennbar mit den Jahreszeiten verbunden, wobei man diese eher als eine lange dunkle und eine kurze helle Periode erlebt. In der dunklen Periode sind die Tage kurz und kalt, und wir machen es uns drinnen mit Kerzen gemütlich und feiern ausgiebig Weihnachten. Sobald der Frühling anbricht, überwältigt einen die Rückkehr

TEXT **WENDY SCHOUTEN** FOTO **WENDY SCHOUTEN, JOHNÉR**

des Lichts und des frischen Grüns an den Bäumen immer wieder. In der Nacht wird es dann kaum dunkel. Am längsten Tag des Jahres feiern wir das Mittsommerfest mit gutem Essen, Schnaps und Musik, und anschließend kommt das öffentliche Leben in Schweden zwei Monate lang praktisch zum Erliegen, weil man versucht, so viel wie möglich draußen zu sein. Um zu schwimmen, zu segeln, zu wandern oder zu angeln. Durch die enge Verbindung zur Natur nehmen die Schweden viel mehr Rücksicht auf sich. In der Schule und bei der Arbeit hetzt man sich nicht ab, sondern nimmt sich reichlich Zeit für Essen und Bewegung. Nach dem Umzug schossen die Kinder in die Höhe. Sie wurden größer und kräftiger (Letzteres trifft auch auf mich zu …) und bekamen mehr Farbe im Gesicht – wie Treibhausblumen, die draußen in der freien Erde Wurzeln schlugen und endlich nach Herzenslust gedeihen konnten.

Die gesunde Umgebung zeigte Wirkung. Auch in der Schule kümmerte man sich viel mehr um die körperlichen Bedürfnisse der Kinder: Ein Schultag beginnt gern mal mit einer Stunde Skilaufen, das Unterrichtsprogramm ist nicht so lang und oft nicht so anspruchsvoll wie in den Niederlanden, es gibt mehr Pausen, und mittags bekommen alle eine kräftige warme Mahlzeit. In einer Klasse mit 25 Schülern arbeiten meist zwei Lehrkräfte, wodurch der Unterricht ruhiger und aufmerksamer abläuft. Wenn die Kinder nach Hause kommen, fallen sie nicht erschöpft aufs Sofa, sondern rennen strotzend vor Energie nach draußen, um während des restlichen Nachmittags Iglus zu bauen oder die Pferdeställe auszumisten. In Schweden ist man sich einfach bewusst, dass physisches und psychisches Wohlbefinden die Grundlage für alles ist und dass man sich nicht nur körperlich und geistig, sondern auch kreativ weiterentwickeln sollte.

UND JETZT AB NACH SCHWEDEN?

Nachdem wir Wendys Geschichte gelesen hatten, fragten wir uns: Was machen wir noch hier? Sollten wir nicht alle so schnell wie möglich auswandern? Also fragten wir Wendy nach ihrer Meinung und erhielten eine ehrliche Auskunft, denn auch in ihrer Wahlheimat ist nicht alles wirklich vollkommen. Hier ihre Antwort: „In Schweden bildet nicht die Familie, sondern der Staat die Stütze der Gesellschaft. Die Kinder gehen tagsüber auf Staatskosten in die Schule und in die Betreuung, damit beide Eltern Vollzeit arbeiten können. Eine solche staatliche Erziehung bringt Wohlfahrt und Komfort, aber auch weniger persönliche Bindungen zwischen Eltern und Kindern, als wir es etwa in den Niederlanden gewöhnt sind. Konformes Verhalten spielt im öffentlichen Leben eine große Rolle, vieles wird durch Vorschriften und Aufpasser erzwungen. Die Verhaltensregeln an den Schulwänden meiner Kinder erscheinen mir ziemlich bizarr. Auch der Feminismus ist in Schweden sehr ausgeprägt. Geschlechtsspezifische Unterschiede zwischen Männern und Frauen werden heruntergespielt oder gar völlig negiert, etwa im geschlechtsneutralen Kindergarten Egalia in Stockholm, wo Kinder nicht mit ‚han' (er) oder ‚hon' (sie) angesprochen werden, sondern mit ‚hen', einem erfundenen, geschlechtsneutralen Ausdruck. Schwedische Männer sind weiblicher als niederländische, und im sozialen Umgang zwischen Männern und Frauen ist wenig Prickeln oder Lebensfreude spürbar, geschweige denn, dass öffentlich geflirtet wird. Die Entfernungen auf dem Land sind groß. Das nächste Schwimmbad kann 20 Kilometer entfernt liegen, und Freunde wohnen nicht mal eben nebenan. Man fährt viel Bus oder Auto, das ist schade, wenn man eigentlich an Fahrradfitness gewöhnt ist. Und – last but not least: Wie schon im letzten Absatz meines Artikels beschrieben, fühlt man sich nach einer Auswanderung nirgendwo mehr richtig zu Hause. Das kann erfrischend sein, aber auch einen chronischen Zwiespalt verursachen."

„Slöjd" („Handwerk") spielt seit jeher eine wichtige Rolle in einem Land, in dem Holz, Eisen und Wolle überall vorhanden sind und man die langen dunklen Abende in der Prä-Tablet-Ära oft nur mit einer Handarbeit überstehen konnte. Deshalb lernen in der Schule bis heute noch alle Jungen und Mädchen stricken, nähen, sticken, Eisen schmieden und Holzbearbeitung.

HEIMAT DER HERZEN

Wir wohnen jetzt seit mehreren Jahren hier, und das Leben in Schweden hat uns alles gegeben, was wir uns erhofft hatten: Ruhe, Weite, frische Luft und seelische Balance. Zugleich vermissen wir jedoch unsere eigene Kultur und den regelmäßigen Umgang mit unseren Verwandten und Freunden. Das ist der Preis, den wir als Auswanderer zahlen. Wiegen die Natur, der entspannte Lebensstil und die Einfachheit diesen Verlust auf? Das wird die Zeit zeigen. Sollten wir jedoch eines Tages in die Niederlande zurückkehren, sind wir um eine fantastische Erfahrung reicher. Denn Schweden hat uns nicht nur gezeigt, wie wichtig der Einklang mit der Natur und ein

respektvolles Miteinander sind, es hat auch ein größeres Gleichgewicht in unser Dasein gebracht. Und davon können wir den Rest unseres Lebens zehren. ●

Ferienkater

Alles fließt! Kolumnistin Merle Wuttke liebt diesen Spruch der alten Griechen. Nur findet sie es manchmal gar nicht so einfach, lässig im Fluss zu bleiben, wenn sie zwischendurch immer mal wieder vom Kurs abdriftet

Meine Kinder tun es ständig und mit großer Hingabe. Mein Mann oft genug, und bei einer Freundin gehört es fest zum Gemütszustand: Sie alle machen von einer Minute auf die nächste Ferien – einfach so. Mit dem Kopf, mit dem Bauch, mit ihrem ganzen entspannten Selbst. Auch dann, wenn sie gar keinen Urlaub haben oder die äußeren Umstände gerade überhaupt nicht dafürsprechen, mal so eben stundenlang mit der Zeitung am Küchentisch (Mann) oder in einer selbst gebauten Höhle (Kinder) abzuhängen. Weil nämlich … Ja, warum eigentlich? Weil man aus den Krümeln auf dem Küchenboden, die sich seit Tagen dort ansammeln, einen neuen Bodenbelag herstellen könnte? Warum haben wir eigentlich immer das Gefühl, etwas machen zu müssen, kennen aber keine einzige Regel fürs Faulenzen? Schon klar: Weil das Glück, wie wir es so schön gelernt haben, nur den Fleißigen gilt.

Angeblich. Könnte sein, ja, aber wahrscheinlich stimmt doch eher das Gegenteil. Ganz früher, in der Antike, wusste man das noch. Da gehörte die schöpferische Muße zum Lebensideal des denkenden Menschen. Wurde leider abgelöst von ständiger Produktivität – immer erledigen wir etwas. Ich habe mich diese Woche bei vier von sieben Abendbrotrunden mit meiner Familie dabei erwischt, wie ich, kaum hatte sich endlich der Letzte den letzten Bissen in den Mund gesteckt, aufsprang („Du isst doch nichts mehr, oder?"), um ganz schnell den Tisch abzuräumen, um dann ganz schnell meine E-Mails zu checken und mich dann ganz schnell überfordert zu fühlen, weil es wie immer zu viel zu tun gab, aber eben auch zu wenig Zeit.

Selber schuld, sagt Wissenschaftsjournalist Ulrich Schnabel. Er meint, dass wir uns zu einem großen Teil von uns selbst hetzen lassen, und hat ein kluges Buch über das Nichtstun geschrieben: *Muße. Vom Glück des Nichtstuns.* Darin beschreibt er, dass unser Gehirn dringend Phasen der Ruhe, der Langeweile, des Tagträumens braucht, um geistig gesund zu

bleiben. Stattdessen trainieren wir unsere Köpfe immer mehr auf Unterbrechungen. Wir warten schon regelrecht auf die nächste E-Mail und werden nervös, wenn nicht gleich wieder das Smartphone piept. Elf Minuten am Stück ist die längste Zeit, die wir im Schnitt ohne einen neuen Reiz aushalten. Kommt der nicht, suchen wir uns selbst Ablenkung. Stehen auf, holen Kaffee, sortieren die Post… Hauptsache, wir haben etwas zu tun. Und dann, ob im Urlaub oder bei einer zwangsweise verordneten Langeweile, etwa im Wartezimmer beim Arzt, übermannt uns ziemlich fix eine Art Ferienkater, weil wir es eben nicht mehr können – nichts zu tun. Geschweige denn, dieses Nichtstun einfach zu genießen.

Klingt dämlich und ist es auch. Diogenes, die coole Sau, würde unter solchen Umständen garantiert gar nicht mehr aus seinem Fass herauskommen, der wollte sich schließlich von sämtlichen äußeren Zwängen befreien. Wir dagegen werden in unserem produktiven Getriebensein immer zwanghafter. Und brauchen deswegen dringend ein paar Faulenzerregeln. Ich für meinen Teil werde mich von heute an in Sachen Langeweile selbst unterrichten und nach dem Aufwachen täglich fünf Minuten an die Decke starren – die Augen auf, der Kopf frei. Und wenn du nachmittags eine Frau durch den Park beim Kindergarten spazieren siehst, die ein bisschen orientierungslos wirkt: Das bin ich bei meiner neuen 15-minütigen Mußerunde. Also bitte nicht ansprechen. Ich bin mir ziemlich sicher, dass ich es auf diese Weise bald schaffe, am Abend länger als alle anderen am Tisch zu sitzen und ganz entspannt den Brotkrümeln beim Nichtstun zuzuschauen. ●

Merle Wuttke (38), handwerklich eher unbegabt, hat seit Kurzem eine weitere Möglichkeit der kreativen Muße entdeckt: Seit sie kapiert hat, was der Unterschied zwischen halben und ganzen Stäbchen ist, häkelt sie sich ihren persönlichen Entspannungsmodus ganz einfach herbei

LIVE MINDFULLY

Live in the sunshine,
swim the sea,
drink the wild air.

Ralph Waldo Emerson, amerikanischer Schriftsteller (1803–1882)

Live mindfully

Leben im Hier und Jetzt

Glück ist machbar

Wenn es nach Gina Schöler und Daniel Clarens ginge, gäbe es in Deutschland bald ein Ministerium für Glück. Dazu haben die beiden Studenten eine Kampagne gestartet. Eine ihrer Aktionen: Sie riefen dazu auf, selbst gestaltete Stühle auf die Straße zu stellen – weil es guttut, öfter mal Pause zu machen und dem Alltagsstress zu entkommen. ministeriumfuerglueck.de

Zur Erinnerung

Wie klangen noch mal das Rattern eines Wählscheibentelefons, das Klackern einer analogen Schreibmaschine oder das sanfte Aufsetzen einer Plattenspielernadel auf Vinyl? Aussterbende Geräusche wie diese werden auf der Website conservethesound.de archiviert. Dazu kommen Menschen zu Wort, die den Blick in die Welt der verschwindenden Alltagsgeräusche vertiefen. Denn die haben uns geprägt – und wecken oft schöne Erinnerungen.

Büchertausch

Viel schöner, als gute Bücher einfach nur ins Regal zu stellen, ist es, sie freizulassen. Das nennt sich dann Bookcrossing und geht so: Die Lieblingslektüre wird im Internet mit einem Code versehen und dann an einem öffentlichen Ort „ausgesetzt". So können Bücher noch vielen anderen Freude bereiten – und über den Code lässt sich sogar ihr Weg nachvollziehen. Zurzeit sind mehr als zehn Millionen Bücher in 130 Ländern unterwegs, 1,2 Millionen Bookcrosser verfolgen ihre Wege unter bookcrossing.com

Kunst, die hilft

Mit Stiften und Papier im Gepäck reiste Thomas Lupo, Autor und Artdirector der Werbeagentur Jung von Matt, im vergangenen Jahr nach Brasilien, um bedürftigen Kindern und Jugendlichen mit Kunst zu helfen. Der Workshop im Armenviertel Morro do Papagaio in Belo Horizonte ist eines der Projekte von Art Helps, einem Zusammenschluss von Künstlern und Kreativen, die sozial Benachteiligten in aller Welt eine Stimme geben wollen. Zwei Wochen lang malten und bastelten Lupo und seine Mitstreiter mit den acht- bis 16-Jährigen. Herausgekommen ist eine wunderbare T-Shirt-Kollektion, der Erlös geht an eine Bildungseinrichtung vor Ort. Aber nicht nur das hilft den Kindern: Das Projekt hat ihnen gezeigt, was sie alles schaffen können – und dass es lohnt, an sich zu glauben. arthelps.com

Grüne Welle

Früher war Gudrun Ongania (32) Unternehmensberaterin. Heute zeigt sie mit ihrem Projekt Veg and the City Stadtbewohnern, wie sie sich ihr eigenes Gemüse anbauen können.

Frau Ongania, was genau ist Ihre Mission? Wir wollen zeigen, dass Gärtnern überall möglich ist, und wieder einen direkten Bezug zum Nahrungsmittel herstellen. Wer selber anpflanzt und sieht, dass etwa eine Karotte 100 Tage braucht, bis man sie ernten kann, der empfindet eine andere Wertschätzung für das Gemüse. Er wirft es sicher nicht weg. Und kauft auch bewusster ein.

Urban Gardening liegt im Trend. Wie erklären Sie sich das? So viele Vorteile die Stadt auch bringt, die Sehnsucht nach Natur, danach, mit den eigenen Händen etwas zu schaffen, ist tief in uns verankert. Gerade heute, wo wir so viel online sind, hat das einen ganz neuen Stellenwert. Es geht weniger um Selbstversorgung als ums Experimentieren, Erfahren, einfach ums Freudehaben.

Was, wenn ich keinen Garten habe? Gärtnern geht überall, auf dem Fensterbrett, dem Balkon, im Hinterhof oder Schrebergarten. Wer nicht viel Zeit hat, ist mit einem Balkonkasten voll Schnittsalat und ein paar Erdbeeren gut bedient. Wer basteln möchte, kann auch ein altes Nudelsieb, Tetra Paks oder Kunststoffflaschen in kleine hängende Gärten umfunktionieren.

Was braucht man noch? Natürlich Erde und Saatgut oder Setzlinge. Wichtig ist, wie sonnig das zu bepflanzende Plätzchen ist. Tomaten oder Peperoni brauchen viel Sonne, Minze wächst auch sehr gut im Halbschatten.

Was gibt Ihnen die Gärtnerei persönlich? Ich kann dabei entspannen, es hat fast etwas Meditatives. Und es macht mich glücklich, etwas wachsen zu sehen. *An die Töpfe, gärtnern, los!* (Haupt, 29,90 Euro); vegandthecity.ch

---

„Es ist nicht einfach, Zeit zu haben. Zeit ist überall auf dieser Welt. Kann man Zeit verstellen, um vorne anzufangen? Einmal wird die Zeit doch sterben. Man braucht Zeit zum Leben."

Dieses Zitat stammt von Maria Trojer und ist im Magazin *Ohrenkuss* erschienen. Darin schreiben ausschließlich Menschen mit Downsyndrom ihre Sicht der Dinge auf. Die Texte sind verblüffend, lustig, poetisch, sie eröffnen uns eine ganz besondere Sicht auf die Welt – und regen oft genug zum Nachdenken an. Das mehrfach ausgezeichnete Magazin erscheint zweimal jährlich, immer zu einem Thema, wie zum Beispiel Liebe, Traum, Arbeit. Gegenstand der aktuellen Ausgabe: Insel. 12,50 Euro, ohrenkuss.de

---

Nachhaltig gut

Happy End für den Papiermüll, denn daraus fertigt die kleine bayerische Manufaktur Fundgut99 bezaubernde Notizbüchlein und Hefte. Die Reste, die in Großdruckereien anfallen, werden in Regensburg in liebevoller Handarbeit zu neuem Leben erweckt. Das ist nicht nur nachhaltig, so entsteht auch etwas ganz Besonderes: Alle Hefte gibt es nur in kleiner Auflage, jedes ist nummeriert und mit einer Signatur versehen. fundgut99.com

Bunter Zwirn

Oft genug sind es die einfachen Sachen, die das Leben schöner machen. Dazu gehören die Produkte der Designerin Birgit Hahn aus Offenbach. Ihre Bäckergarne in 21 Farben sind hervorragend zum Verpacken, Basteln, Dekorieren. Die Garne werden nach guter alter Tradition in einer Zwirnerei in Deutschland hergestellt. Ab 4,90 Euro, garn-und-mehr.de

TEXT **TANJA REUSCHLING** FOTO **JULIA WERNER**, PLAINPICTURE, DAVIDE CAENARO, SHUTTERSTOCK

„Oft machen wir die Dinge unbewusst größer, als sie sind"

ACHTSAM in die Ferien

TRÖDELN & TAG-TRÄUMEN

Hören. Sehen. Riechen. Den Augenblick spüren und genießen. Das üben wir, wenn wir versuchen, achtsam zu sein. Kann diese Haltung eigentlich auch helfen, im Urlaub besser abzuschalten und zu entspannen? Flow hat Irène Bakker, Mindfulness-Dozentin, gefragt

Was ist eigentlich so magisch am Prinzip Achtsamkeit? Egal ob es die Nachbarin ist oder Meg Ryan: Jeder scheint sich im Moment damit zu beschäftigen. Bücher zum Thema gibt es so viele, dass man sie nicht mehr tragen kann, Trainingsangebote und Wochenendkurse schießen wie Pilze aus dem Boden, und viele Krankenversicherungen übernehmen mittlerweile sogar die Kosten für Achtsamkeitsseminare. Gehörte man früher schnell in die Kategorie „Spinner", wenn man sich mit einem meditativen Lebensstil befasste, sind mittlerweile selbst die nüchternsten Typen davon überzeugt, dass es lohnt, ein Leben im viel beschworenen Hier und Jetzt zu führen.

Die US-Amerikaner sind uns in dem Punkt weit voraus. Dort wird Mindfulness bereits seit Jahren von Ärzten und Psychotherapeuten angewandt, es gibt standardisierte Trainings wie etwa Stressbewältigung durch Achtsamkeit (Mindfulness-Based Stress Reduction, kurz: MBSR) oder die Achtsamkeitsbasierte Kognitive Therapie (Mindfulness-Based Cognitive Therapy, kurz: MBCT). Auch in Deutschland hält das Konzept im Gesundheitssystem Einzug. Das liegt unter anderem daran, dass es mittlerweile viele Studien gibt, die bestätigen, wie wirksam die beiden Verfahren sind. Eine aktuelle dänische Metastudie – in der 21 internationale Studien ausgewertet werden – belegt, dass Achtsamkeitstrainings nicht nur zu Entspannung und Gelassenheit führen und bei chronisch kranken Patienten für mehr Lebensqualität sorgen. Menschen, die achtsam leben, haben insgesamt weniger körperliche und psychische Beschwerden, bekommen eine positivere Einstellung und sind genussfreudiger.

IRÈNE BAKKER, WIE ERKLÄREN SIE ALS MINDFULNESS-TRAINERIN ACHTSAMKEIT GENAU?
Achtsamkeit bedeutet unter anderem, aufmerksam zu sein für das Hier und Jetzt. Den Augenblick bewusst zu erleben, ohne ihn zu bewerten. Diese Methode findet ihren Ursprung in der traditionellen buddhistischen Lehre. Der Arzt und Buddhist Jon Kabat-Zinn, Gründer der Stress Reduction Clinic an der Universität Massachusetts, hat dieser an sich religiösen Technik mit seinen pragmatischen Achtsamkeitstrainings eine westliche ➤

Form gegeben. So ist die achtsame Haltung auch im Alltag leicht umsetzbar. Die Methode scheint so effektiv zu sein, dass sie inzwischen von Millionen Menschen in der westlichen Welt aufgegriffen wird.

WARUM IST ACHTSAMKEIT GERADE HEUTE SO BELIEBT?

Die Zeit ist einfach reif dafür. In der leistungsorientierten und schnelllebigen Gesellschaft sind viele Menschen auf der Suche nach Ruhe, besonders der Kopf scheint heute nie stillzustehen. Mit all unserer Hektik und Eile ähneln wir gegenwärtig eher „human doings" als „human beings". So ein Lebensstil verursacht Spannungen.

GEGEN EIN BISSCHEN STRESS IST ABER DOCH NICHTS ZU SAGEN?

Natürlich nicht. Ein bisschen Stress gibt einem das Adrenalin, das notwendig ist, um Leistungen zu er-

bringen. Aber chronischer Stress ist nicht gut, und Achtsamkeit kann diesen wirklich lindern.

ANWESEND SEIN IM HIER UND JETZT KLINGT IM GRUNDE GANZ EINFACH. ABER IST ES DAS AUCH?

Es ist einfach und schwierig zugleich. Es ist simpel, weil man nur eine Sache machen muss: stillstehen. Und dann darauf achten, was in genau diesem Augenblick geschieht. Je häufiger wir das tun, umso besser sind wir in der Lage, körperliche Empfindungen zu erkennen und zu entschlüsseln, welche Gedanken und Gefühle sich dahinter verbergen. Wenn wir diesen Zusammenhang erkennen und verstehen, können wir jeden Moment neu entscheiden, ob wir uns von den Emotionen und Gedanken mitreißen lassen wollen, oder ob wir sie einfach nur zur Kenntnis nehmen. Wir können uns bewusst entscheiden, die

Situation zu ändern oder schlicht zu akzeptieren. Etwas schwieriger wird es, wenn wir sehr abgelenkt sind und uns dann doch wieder unreflektiert von unseren Gefühlen leiten lassen.

GERADE IM URLAUB KÖNNEN EMOTIONEN AUCH MAL HOCHKOCHEN. WIE BLEIBT MAN ZUM BEISPIEL ACHTSAM, WENN DAS GEBUCHTE HOTEL SCHRECKLICH IST UND UNS AUCH NOCH DER PARTNER DIE SCHULD DAFÜR GIBT?

Halte inne und beobachte, was du körperlich fühlst, zum Beispiel Bauchschmerzen. Frage dich, welche Emotion dieses Körpergefühl ausdrückt, es kann etwa Angst sein oder Wut. Frage dich dann, welche Gedanken sich dahinter verbergen, beispielsweise „Der Urlaub wird nichts" oder „Mein Mann wird mich verlassen". Dann kann man sich fragen, ob diese Gedanken eine realistische Basis haben oder nicht. Oft machen wir die Dinge nämlich unbewusst größer, als sie sind. Wenn man das erkennt, kann man sie leichter relativieren.

ABER MANCHMAL GEHT DOCH TATSÄCHLICH ETWAS RICHTIG SCHIEF...

Natürlich. Nehmen wir mal an, wir landen ausgerechnet dann, wenn wir Ruhe brauchen, mit dem Zelt zwischen zwei Familien mit schreienden Babys. Sehr unangenehm. Kennt man aber seine Gefühle und Gedanken dazu, dann kann man eine bewusste Entscheidung treffen. Entweder man wechselt den Standplatz, oder man akzeptiert die Situation so, wie sie wirklich ist. Achtsamkeit bringt uns nicht in eine Märchenwelt, in der alles perfekt ist. Es ist eher genau umgekehrt: Man steht mitten im echten Leben, lernt aber, viel besser mit den eigenen Gefühlen umzugehen.

WIE WENDET MAN DIE METHODE IN DER BEZIEHUNG AN, ETWA WENN MAN VERMUTET, DASS DER

DER URSPRUNG DER ACHTSAMKEIT

Achtsamkeit ist die westliche Bezeichnung für „samma sati", einen der praktischsten Bereiche der buddhistischen Lehre. Eigentlich ist sie nichts anderes als eine einfache Art der Meditation, mit der man die eigene Aufmerksamkeit ins Hier und Jetzt bringt. Der Trick ist, sich nicht von den ständig neuen Gedanken, die im Kopf produziert werden, mitreißen zu lassen. Wenn man diese einfach vorbeifließen lässt, ohne etwas damit zu tun, wird man ruhiger und reduziert seinen Stress. Für Buddha war dies ein wichtiger Schritt auf dem Weg zu ultimativem Frieden und Harmonie, letztlich zur Erleuchtung. Bereits in den 70er-Jahren griff der amerikanische Arzt Jon Kabat-Zinn, emeritierter Hochschullehrer an der Universität der Massachusetts Medical School, die Idee wieder auf, betrachtete Achtsamkeit aber komplett getrennt von der buddhistischen Lehre. Er benützte sie als Ausgangsbasis für ein Training, das seinen Patienten beibringen sollte, mit ihrer Lebenssituation entspannter umzugehen. Der Erfolg dieses Trainings sorgte dafür, dass das Prinzip Achtsamkeit innerhalb der Medizin und insbesondere innerhalb der Psychiatrie bereits nach kurzer Zeit anerkannt war. Auch in Deutschland: Achtsamkeitstrainings werden von fast allen Krankenversicherungen bezuschusst.

TEXT TANYA COMMANDEUR FOTO **CORBIS**

**PARTNER SICH IN JEMAND ANDE-
REN VERLIEBT HAT?**

Auch dann geht es wieder darum,
den Zusammenhang zwischen Situation, Körpergefühlen und den eigenen
Gedanken zu erkennen. Vielleicht
schnürt es mir gerade den Hals zusammen. Dann denke ich über das
Gefühl nach: Welche Emotion steckt
dahinter? Leid? Angst? Und welcher
Gedanke verbirgt sich wiederum dahinter? Vielleicht „Ich bin keine lie-
benswerte Frau" oder „Ich bin jetzt
aber furchtbar eifersüchtig". Danach
treffe ich eine Entscheidung: Will ich
der ersten impulsiven Emotion folgen
oder entschließe ich mich bewusst,
mich von meinen Gedanken nicht
mitreißen zu lassen. Das Wörtchen
STOP kann da ein gutes Hilfsmittel
sein. Das S steht für „stop", kurz Abstand nehmen. Das T steht für „take
a breath", kurz durchatmen. Das
O steht für „observe", deine Gefühle
und Gedanken beobachten. Das
P steht für „proceed", entscheiden,
was der nächste Schritt ist.

**DAS KLINGT NACH EINEM NÜCH-
TERNEN REZEPT.**

Das ist es auch. Trotzdem bedeutet es
nicht, dass man sich vor den eigenen

ETWAS MEHR ACHTSAMKEIT
* Achtsamkeitskurse für interessierte Anfänger und Fortge-
  schrittene, für Kinder und Führungskräfte gibt es auf der
  Seite des Fachverbands für Mindfulness-Based Stress Reduction:
  mbsr-verband.org. Außerdem bieten fast alle Krankenkassen
  bezuschusste Programme an, einfach mal nachfragen.
* Zum Weiterlesen: Jessica Wilker: *Das Einmaleins der Achtsamkeit. Vom sorgsamen Umgang mit alltäglichen Gefühlen* (Herder).
  Linda Lehrhaupt: *Stress bewältigen mit Achtsamkeit. Zu
  innerer Ruhe kommen durch MBSR* (Kösel)

Gefühlen verschließt. Man lässt sich
nur nicht mehr von ihnen überwältigen. Achtsamkeit ermöglicht uns, eigene Muster zu erkennen und weniger
an Emotionen kleben zu bleiben.

**WIE SCHAFFT MAN ES, DIESE
AUFMERKSAMKEIT FÜR SICH
SELBST AUCH NACH DEM URLAUB
ZU BEWAHREN?**

Gönn dir auch nach dem Urlaub jeden
Tag eine Viertelstunde für Übungen
wie die auf der folgenden Seite. Oft
reicht eine kleine, einfache Aufmerk-
samkeitsverschiebung, zum Beispiel
das Mittagessen bewusst zu essen oder
auf dem Bürostuhl eine Sitzübung zu

machen. Auch wenn man sich einen
Moment Zeit nimmt, auf die eigene
Atmung zu achten, kann das helfen,
die Aufmerksamkeit mehr ins Hier
und Jetzt zu verlagern. Und: Mach
zwischendurch eine 3-Minuten-Medi-
tation. An einem hektischen Tag
scheint das verlorene Zeit zu sein, aber
glaube mir, du bekommst sie zurück,
in Form von neuen Ideen und kreativen Impulsen zur Problemlösung. Die
meisten passenden Entscheidungen
entstehen nämlich im Unbewussten.
Wenn dein Kopf immer im Turbogang
arbeitet, haben intuitive Eingebungen
kaum noch Platz. Mit Achtsamkeit
gibst du ihnen wieder mehr Raum. ●

SIEBEN ACHTSAMKEITSÜBUNGEN
für den Urlaub

....

1. Einfach nur gehen

Richte deine Aufmerksamkeit auf deine Fußsohlen, gehe langsam, rolle die Füße sorgfältig ab. Während du dir des Auftretens und des Abrollens deiner Füße bewusst bleibst, richtest du deine Aufmerksamkeit auch auf deinen Hörsinn. Höre so genau hin, dass du glaubst, die Geräusche treten aus allen Poren wieder aus. Du wirst spüren, dass die Alltagsgeräusche in Wellen kommen. Nimm alles mit einer offenen Haltung wahr, ohne es zu bewerten. Also nicht „Was macht das Flugzeug für einen Krach" oder „Wie schön der Vogel singt". Lass die Geräusche einfach vorüberziehen. Nach einer Weile wirst du merken, dass alle Sinne offener werden.

2. Aufrecht stehen

Suche einen ruhigen Platz in der Sonne oder im Schatten. Richte deine Aufmerksamkeit zuerst wieder auf deine Fußsohlen: Fühle den Kontakt zur Erde. Halte deine Knie leicht gebeugt. Richte dann deine Aufmerksamkeit von den Knien nach unten auf deine Fußsohlen. Stell dir vor, wie von den Fußsohlen Wurzeln in den Boden reichen, ein bisschen so, als ob du ein Baum wärst. Deine Wurzeln werden von der Erde mit neuer Lebensenergie versorgt. Dann richtest du deine Aufmerksamkeit wieder auf deine Knie. Du stellst dir vor, dass dein Körper der kräftige Stamm eines Baumes ist. Richte deine Aufmerksamkeit fließend von den Knien hoch zum Kopf. Strecke deinen Körper, als ob du am Kopf an einer unsichtbaren Schnur nach oben gezogen würdest. Deine Arme hältst du dicht am Körper, die Handinnenflächen offen nach vorn. Stell dir vor, dass du ein Baum bist und dass der Wind durch Zweige und Blätter weht. Bedenke, dass der Wind mit deinen Gedanken vergleichbar ist: Sie fließen durch dein Bewusstsein, aber sie bleiben nicht. Du kannst sie einfach wahrnehmen und wieder ziehen lassen. Bleib so stehen, bis du fühlst, dass es genug ist.

3. Am Baum lehnen

Setze dich mit dem Rücken gegen einen Baum, die Arme locker um deinen Bauch. Lehne deinen Kopf gegen den Baumstamm und schließe deine Augen. Fühle, wie der Baum und der Boden dich stützen. Folge dem Auf und Ab deiner Atmung, fühle es bis in Arme und Beine hinein. Mach es so lange, wie du es angenehm findest.

4. Liegen lernen

Diese Übung kannst du im Hotelzimmer machen oder auch am Strand. Lege dich auf den Bauch oder auf den Rücken, je nachdem, was am angenehmsten für dich ist. Folge deiner Atmung und spüre, welche Körperteile den Boden berühren. Fühle, wie du von der Erde getragen wirst und wie dein Körper immer schwerer wird. Stell dir dann vor, dass alle Spannungen in die Erde abfließen.

5. Alles läuft schief? Lächle darüber

Etwa 60 Muskeln entspannen sich im Gesicht, wenn wir lächeln. Das bringt positive Gefühle wie Freude oder Gelassenheit hervor. Lächle also etwas häufiger vor dich hin, selbst wenn du dich ärgerst, weil du an deinem Urlaubsort entdeckst, dass du die Badesachen vergessen hast oder Ähnliches. Lächeln relativiert die kleinen Katastrophen. Wem das zu künstlich erscheint: Es hilft auch schon, einfach nur ans Lächeln zu denken.

6. Schreib das auf

Eine gute Übung für Menschen, die sogar im Urlaub dazu neigen, den Kalender mit Terminen vollzupacken: Nimm ein Blatt Papier und einen Stift, setze dich ruhig hin. Schreib ganz unzensiert darüber, welche Wünsche du für diesen Urlaub wirklich hast. Möchtest du tatsächlich alle Museen besichtigen? Oder möchtest du lieber Zeit haben, um gemütlich im Liegestuhl zu liegen und ein Buch zu lesen? Schreib deine Gedanken auf und besprich gemeinsam mit deinen Miturlaubern, auf welche Art und Weise du deine Wünsche realisieren kannst.

7. Mehr Sinnlichkeit bitte

Sorgen und Probleme beziehen sich meist auf Zukunft oder Vergangenheit. Vielleicht tut dir etwas leid, was du früher getan hast, oder du machst dir Sorgen über ein mögliches Ereignis in der Zukunft. Wenn wir auf das achten, was unsere Sinne wahrnehmen, sind wir sofort in der Gegenwart, denn sie funktionieren ja nur im Hier und Jetzt: Hören, sehen, riechen, schmecken und fühlen kann man nur in diesem einen Moment. Indem wir also ab und zu einen Augenblick lang genau darauf achten, was über welche Sinnesorgane eingeht, richten wir die Aufmerksamkeit auf das Jetzt. Eine simple Übung: Nimm bewusst den ersten Schluck deines Kaffees oder deines Wassers. Fühle, wie deine Speicheldrüsen sich auf das Getränk vorbereiten, wie die Lippen Glas oder Tasse berühren, wie es schmeckt, wie du schluckst, wie es feucht durch deine Kehle rinnt. Diese Übung kannst du natürlich auf alles anwenden: vom Eis am Strand bis zur herrlichen Paella auf der Terrasse. ●

TEXT IRÈNE BAKKER

FLOW KANN MAN VERSCHENKEN

DAS FLOW-GESCHENKABO IST DA!

Flow ist voll mit kreativen Ideen, spannenden Denkanstößen und positiven Inspirationen, die den Alltag ein bisschen schöner machen. Dazu kleine Papiergeschenke zum Herausnehmen, liebevolle Illustrationen und viele Selbstmachtipps.

DARUM FLOW IM ABO VERSCHENKEN:
* Weil Flow jeden Tag besonders macht.
* Weil Flow voller kleiner Papiergeschenke steckt.
* Weil Flow im Abo diese Überraschungen gleich doppelt enthält.

Jetzt ein Jahr Flow (6 Ausgaben) zum Preis von 41,70 Euro verschenken.

DU WILLST FLOW VERSCHENKEN?
Bestell dein Geschenkabo auf
www.flow-magazin.de/geschenkabo.
Oder ruf an: 040/55 55 78 00.

Flow erscheint in der „G+J Living & Food GmbH", Dr. Frank Stahmer, Am Baumwall 11, 20459 Hamburg, Handelsregister: AG Hamburg, HRB 75612. Vertrieb: Belieferung, Betreuung und Inkasso erfolgen durch DPV Deutscher Pressevertrieb GmbH, Nils Oberschelp (Vorsitz), Heino Dührkop, Dr. Michael Rathje, Düsternstraße 1, 20355 Hamburg, als leistender Unternehmer. AG Hamburg, HRB 95752. Auslandsangebote auf Anfrage.

Mein Leben ist im flow.

Wie klassische Musik
UNS BERÜHRT

Klavierkonzerte und Opernarien sind wunderschön. Der Schweizer Psychologe Thomas Baumgartner kennt aber noch mehr Gründe dafür, öfter mal klassische Musik zu hören: Sie versetzt auch ungeübte Zuhörer nach kurzer Zeit in bessere Stimmung

WENN KLASSISCHE MUSIK GLÜCKLICH MACHT, WARUM WAREN DANN KOMPONISTEN WIE MOZART, CHOPIN UND SCHUMANN NACHWEISLICH DEPRESSIV?

Es stimmt, dass einige große Komponisten mit psychischen Problemen zu kämpfen hatten. Möglicherweise deutet das auf einen Zusammenhang zwischen Kreativität und manischer Depression hin, einer Störung, bei der Niedergeschlagenheit und Euphorie stark wechseln. An der Musik selbst liegt es garantiert nicht. Ich vermute eher, dass die Komponisten noch depressiver gewesen wären, wenn sie keine Musik hätten machen können. Meine Studien haben nämlich ergeben, dass klassische Musik ein hervorragendes Mittel ist, um die Stimmung positiv zu beeinflussen. Wenn man Menschen fröhliche Klassik vorspielt, werden sie sofort heiterer. Und traurige Klassik kann zu Tränen rühren, aber auf bittersüße Art.

WIE SIND SIE BEI IHREN STUDIEN VORGEGANGEN?

Wir haben uns für weibliche Testpersonen entschieden, weil bereits in anderen Studien nachgewiesen wurde, dass Frauen stärkere emotionale Reaktionen auf Musik zeigen. Normalerweise präsentieren Emotionsforscher den Testpersonen eher visuelle Reize, also fröhliche oder traurige Bilder. Wir vermuteten schon im Vorfeld, dass klassische Musik ein viel stärkerer emotionaler Reiz sein kann als Bilder. Auch weil etwa Filme oft erst zum Leben erwachen, wenn sie mit Musik „untermalt" werden. Um das zu prüfen, versuchten wir, Freude, Traurigkeit und Angst bei den Testpersonen zu erzeugen. Wir baten einen Teil der Personen, ein fröhliches klassisches Musikstück anzuhören, in dem Fall die *Sinfonie Nr. 6* von Beethoven. Andere schauten sich ein fröhliches Bild an, einen Mann, der ein lachendes Baby hält. Dann gab es noch eine Gruppe, der wir sowohl das Bild als auch die Musik präsentierten. Die Testreihe wurde noch variiert, indem wir mit

dem *Adagio for Strings* von Samuel Barber und *Mars* von Gustav Holst versuchten, Traurigkeit bzw. Angst bei den Versuchshörern zu erzeugen. Während der Tests machten wir Hirnscans und führten noch andere körperliche Messungen durch. Zum Schluss gab jede Testperson auf einer Skala von 1 (gar nicht) bis 5 (stark) an, wie ihre Emotionen waren.

UND WAS WAR DAS ERGEBNIS?

Die Kombination aus Bildern und Musik erzeugte die stärksten Reaktionen. Aber Musik spielte die entscheidende Rolle. Auch Testpersonen, die nur Musik gehört hatten, reagierten sehr emotional. Sie gaben nicht nur an, dass die Klassik sie rührte, auch ihr Körper reagierte: Wenn der Herzschlag und die Körpertemperatur bei einer Person ansteigen, wissen wir, dass eine körperliche emotionale Reaktion vorliegt. Und das war in unserem Experiment der Fall. Zum Schluss haben wir uns noch angeschaut, was im Gehirn passierte, und konnten feststellen, dass das sogenannte Belohnungssystem aktiviert wurde, während die Personen Klassik hörten. Dieses Zentrum im Gehirn wird auch aktiv, wenn man isst, Sex hat oder Drogen konsumiert. Klassische Musik ist somit nicht nur schön anzuhören, sie ist auch ein echter körperlicher Genuss. Interessant war, dass die Testpersonen auch die traurige Musik intensiv genießen konnten. Kombinierten wir diese aber mit traurigen Bildern, etwa von weinenden Menschen, verschwand das gute Gefühl. Zweifel und Traurigkeit verstärkten sich, der feine, bittersüße Schmerz, den die Klassik erweckte, war wie weggeblasen.

HÄTTE EIN ANDERER MUSIKSTIL ÄHNLICH GEWIRKT?

Vermutlich ja. Ob man eine bestimmte Musik genießt, das hängt ja erst mal mit den eigenen Vorlieben und Erfahrungen zusammen. Angenommen, du tanzt mit der Liebe deines

TEXT OTJE VAN DER LELIJ ILLUSTRATION ANNELINDE TEMPELMAN/STUDIO 100 %

Lebens zu einem romantischen Musikstück, dann wirst du das genießen. Wenn diese Person dir aber das Herz bricht, verursacht dasselbe Lied plötzlich Schmerz. Der Kontext ist also wichtig. Und die Prägung: Wenn man in einer Familie aufgewachsen ist, in der Klassik zum Alltag gehörte, spielt diese Musik eine andere Rolle im Leben als bei jemandem, dessen Familie Schlager hört. Trotzdem haben meine Studien gezeigt, dass sogar Menschen, die nie zuvor Klassik gehört haben – und das waren die meisten unserer Testpersonen – durch diesen Musikstil berührt wurden. Für die Stärke der Emotion ist es also letztlich nebensächlich, ob man mit dem Stil viel Erfahrung hat oder nicht. US-Wissenschaftler haben vor Kurzem untersucht, bei welcher Musik wir uns am ehesten entspannen. Klassik und Pop kamen am besten weg. Heavy Metal macht die meisten Menschen nervös.

ES GIBT EINE STUDIE, IN DER ANGEBLICH BEWIESEN WIRD, DASS MENSCHEN, DIE VIEL MOZART HÖREN, INTELLIGENTER SIND. IST DA WAS DRAN?

Ich kenne die Studie: Menschen, die Mozart hören, erbringen kurz danach in Intelligenztests bessere Leistungen. Ich habe so ein Experiment nie selber gemacht, spreche also nicht aus der Praxis. Es könnte aber gut sein, dass man etwas schlauer wird, wenn man Klassik hört. Ich vermute nur, dass es kein direkter Effekt der Musik ist, sondern daher kommt, dass eben die Stimmung positiver wird. Studien belegen ja immer wieder, dass Menschen intelligenter werden, wenn sie heiter sind. Wenn du also Mozart hörst und dich das fröhlich macht, kannst du dadurch auf indirekte Weise schlauer werden. Aber wenn dich Sport fröhlich macht oder ein Telefonat mit einer Freundin, dann würde auch das die Intelligenz verbessern. Die grundsätzliche Frage ist, ob solche Studien ein guter Grund sind, Mozart zu hören. Meiner Meinung nach sollte man Musik hören, weil man sie mag und genießt.

WAS KANN KLASSIK NOCH FÜR UNS BEDEUTEN?

Der bulgarische Professor Georgi Lozanov hat ein interessantes Experiment durchgeführt. Er untersuchte die Wirkung von Musik auf Gehirnströme. Er stellte fest, dass Instrumentalmusik, die einen Rhythmus von 60 bis 64 Schlägen pro Minute hat – das ist etwa der Takt, in dem ein Fötus den Herzschlag der Mutter hört –, unser Gehirn in den sogenannten Alphazustand bringt. Das ist ein entspannter Zustand, der auch beim Meditieren entsteht. Diese langsamen Rhythmen lassen uns also entspannen, wir werden aufmerksamer und konzentrierter, wodurch wir zwei- bis fünfmal so

schnell Informationen verarbeiten können und kreativer werden. Musik mit einer derartigen Struktur findet man vor allem in der Barockmusik, also einem Musikstil, zu dem Komponisten wie Bach, Vivaldi und Händel zählen. Ich wage nicht zu bewerten, ob diese Theorie wirklich stimmt, aber ich finde, das ist ein interessanter Gedanke.

WERDEN SIE IHRE UNTERSUCHUNGEN ÜBER DIE PSYCHOLOGIE KLASSISCHER MUSIK FORTSETZEN?

Im Moment untersuche ich zwar ein ganz anderes Thema, aber das heißt nicht, dass ich Musik und Emotionen nicht für ein interessantes Forschungsgebiet halte. Nicht ohne Grund hört man in vielen Supermärkten permanent angenehme Musik im Hintergrund: Musik beeinflusst effektiv die Stimmung, also auch das Kaufverhalten. Und an manchen Bahnhöfen wird momentan mit klassischer Musik experimentiert, weil sie beruhigend ist und Aggressionen und Diebstähle reduzieren soll. Aber was ich noch viel wichtiger finde: Klassische Musik ist ein feines und noch dazu kostengünstiges Mittel, um sich einfach gut zu fühlen. Ich glaube aber nicht, dass man durch sie nachhaltig intelligenter wird. Dann schon eher durch das Spielen eines Instruments. Ein Kollege von mir, der Neuropsychologe Lutz Jäncke, hat dazu eine interessante Untersuchung gemacht. Er hat nachgewiesen, dass sich allerlei Bereiche im Gehirn auf anatomischer Ebene verändern, wenn man ein Musikinstrument spielt. So trainiert man das Gehirn, lernt, besser zuzuhören, und stimuliert die motorischen Hirnareale. Das optimiert die Motorik, und es würde mich nicht überraschen, wenn man dadurch wirklich auch langfristig intelligenter wird. ●

Dr. Thomas Baumgartner ist Neuropsychologe an der Universität Zürich. Sein Spezialgebiet ist der Einfluss von Emotionen auf unsere Hirnaktivität und die Hormonreaktion im Körper

Pinterest

Search | Add + About ▾ 👤 Joyce ▾

Feel Connected 👍 Like

 Flow Magazine | Follow | 2144 followers, 42 pins

Lookbook 2012 Swedish Hasbeens
2 likes 7 repins
swedishhasbeens.com

Tokketok
7 repins
cargocollective.com

PLEASE COME BACK
Farewell present
2 likes 10 repins
maciink.blogspot.com

WE ARE ALL A PART OF THE SAME THING
Dominque Falla
1 like 5 repins
anthologymag.com

Willi together
6 likes 8 repins
allthelovetheuniverse.tumblr.com

Table top theatre
1 repin
notonthehighstreet.com

Dancers of the casino the paris
1 like 2 repins
candypingpong.wordpress.com

Cut to fit the locket
4 likes 7 repins
jenaardell.com

Write More Hand Written Letters
Mary Kate McDevitt
11 likes 46 repins
etsy.com

isak
4 repins
isak.co.uk

Goertje Aalders for Flow Magazine
2 likes 5 repins
juffrouwzonderzorgen.nl

ANORAK
Kid's creative magazine
4 likes 4 repins
...co.uk

How weird and cute
2 likes 1 repin
ellenturningpages.blogspot.com

fun!
5 likes 14 repins
milkphotos.com

A touch of red... by ElectroSpark, via Flickr
👁👁 by ElectroSpark
flickr.com

Planting a mini garden to fill up side walk hole... how sweet
3 likes 8 repins
flickr.com

Nick DeWolf
1 like 1 repin
flickr.com

Frida and Diego
7 likes 15 repins
chagalov.tumblr.com

2012 No matter what I have to do. My friend there's always time for you
2012 @ Elisandra
👁👁 by Sevenstar aka Elisandra
3 likes 8 repins
flickr.com

4 likes 13 repins
dyingofcute.tumblr.com

Beach glamour
1 like 4 repins
happymeat.com

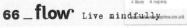
Summer swimming
3 likes 7 repins

fun!

I CARRY YOUR HEART I CARRY IT IN MY HEART
That lovely poem and paper cutting... super combo
5 likes 21 repins
Uploaded by user

Knit hats
2 likes
flickr.com

Pippi
6 likes 20 repins
flickr.com

Dream of summer...
1 like 4 repins
darjeelingdreams.blogspot.com

Studio of Gennine D Zlatkis
2 likes 5 repins
virginiakuljavic.blogspot.com

Vroeger zo vaak nagetekend/overgetrokken!
8 likes 1 comment 16 repins
google.com

Susanna Hogendoorn
Jeugdsentiment
Add a comment...

Red carpet cards - amazing cards
2 likes
redcapcards.com

so cool | cosba
👁👁 by cosba
4 likes 2 comments 15 repins
flickr.com

De Vondstenfabriek Mooi om deze foto bij "Feel connected" te plaatsen. Prikkelt je geest!

Le petit artiste voyager Emmelie Beautiful!

Add a comment...

Alexandra Huard
1 like 3 repins
lookattheseogems.com

Gorgeous work by Elsa Mora
9 likes 18 repins
elsita.typepad.com

helen dardik
4 likes 9 repins
orangeyoulucky.blogspot.com

Rue de L'Artien
Beautiful children's book
3 repins
google.com

Still briliant
3 likes 12 repins
google.com

I HOPE YOU FEEL BEAUTIFUL TODAY
i hope
3 likes 19 repins
jadore-fashion.tumblr.com

And this made us smile!
1 like 1 repin
celindaversluis.blogspot.com

I CARRY YOU IN MY HEART
Felt on vintage linnen - Castle
2 likes 8 repins
castleandthings.com.au

Herman Miller, 1972
3 likes 8 repins
midcenturia.com

Paper in all forms & shapes.. love it
papiermier.be

By Lisa Congdon
👁👁 by Bird in the Hand
4 likes 17 repins
flickr.com

Die Welt in BILDERN ENTDECKEN

Pinnwände – immer seltener findet man sie in der altmodischen Version aus Kork an der heimischen Wand. Immer öfter allerdings im Internet. Auf Pinterest lassen sich all die schönen Dinge sammeln, ordnen und ausstellen, die wir täglich im Netz finden

Man kann seine Freunde auf Facebook ewig stalken, man kann aber auch einfach mal was Neues auf Pinterest entdecken." Dieses Zitat hat Reinita Ravago an eine ihrer virtuellen Pinnwände auf der Internetseite Pinterest gepinnt. Reinita hat inzwischen ganze 43 solcher Pinnwände mit mehr als 7700 Pins – und lachend gibt sie zu, dass sie süchtig ist.

Damit ist sie nicht allein. Solltest du noch nie von Pinterest gehört haben oder das Phänomen nur vom Hörensagen kennen, überlege dir lieber gut, ob du auch wirklich genug Zeit für ein neues Onlinehobby hast. Denn hast du erst einmal einen Pinterest-Account angelegt, dann wundere dich nicht, wenn du genauso schnell wie Reinita und Millionen weiterer Pinterest-Fans sehr schnell abhängig wirst.

EIN FEST FÜR DIE AUGEN

Die Idee ist erstaunlich einfach: Mit einem Account bekommst du deine eigene Pinterest-Seite, auf der du so viele Pinnwände anlegen kannst, wie du magst. Mit einem speziellen „Pin it"-Button, der sich einfach in die Symbolleiste deines Browsers ziehen lässt, kannst du Bilder – egal wo im Netz du sie findest – auf deine Pinnwände posten. Und das ist eigentlich auch schon alles. Wie gesagt: Es ist unglaublich simpel.

Am einfachsten lassen sich deine Pins nach Themen sortieren. Die Illustratorin Lisa Manuels zum Beispiel hat 37 Pinnwände, darunter „Beeing Crafty and Creative" und „Vintage Delights". Papierdesignerin Jurianne Matter bevorzugt Kategorien wie Schmuck, Handarbeiten, Kleidung und Beleuchtung. Andere Pinnwandbesitzer wiederum arrangieren ihre Pins nach Farben.

Über den Pin-it-Button in deiner Symbolleiste kannst du deinen Pinnwänden ständig Neues hinzufügen und all das, worüber du bei deinen Streifzügen durchs Internet stolperst, hübsch ordentlich ablegen – bis der Tag kommt, an dem du dir genau diese eine Kette endlich kaufen wirst oder du dieses spezielle Schokokuchenrezept ausprobierst. Vielleicht willst du ja auch deine Gartenlaube neu dekorieren, suchst nach Tipps für leckere Partyknabbereien oder einem neuen Hingucker für die Esszimmerwand. ➤➤

Jays Mandalas

Jurianne Matter

Eveline Kasikov

Verschiedene Pins zum Thema Handarbeiten

Mary Quant

Elsa Mora

Inspirierende Pins an
den Pinnwänden von
Flow und unserer
Autorin Dorine Verheul

Elsa Mora

Goshandgolly (Etsy)

Manche Pinner sagen, dass sie ihre Wände nutzen, um ihre Ziele zu visualisieren. Und dass ihnen das hilft, diese Ziele dann auch zu erreichen. Andere Pinner pflegen Wände voller köstlicher gesunder Rezepte, um sich zu motivieren, bewusster zu essen. Wieder andere haben eine spezielle Pinnwand, auf der sie all das sammeln, für das sie in ihrem Leben dankbar sind. Natürlich könntest du die meisten dieser Dinge auch mit der Lesezeichenfunktion deines Browsers im Auge behalten, aber das Archivierungssystem von Pinterest macht es so wunderbar einfach, all die schönen Fotos und zugehörigen Websites zu sortieren, die du gespeichert hast. Und wenn du auf Pinterest etwas Bestimmtes suchst, dann wird daraus ein Fest für die Augen statt einer nervigen Sache.

WIR SIND ALLE SAMMLER

Inhalte – so lautet das Geheimnis hinter dem Prinzip von Pinterest. Als soziales Netzwerk ist es unglaublich schnell gewachsen. Nicht die Seite selbst, sondern ihre User sind es, die Pinterest zum Erlebnis machen. Dank der zahllosen Fundstücke, die sie an ihren Pinnwänden sammeln, wird Pinterest zum Paradies für all jene, die schöne Dinge zu schätzen wissen. Pinterest ging im März 2011 online, und schon im Februar 2012 hatte es die magische Grenze von zehn Millionen Usern überschritten.

Die ursprüngliche Idee für die Seite zielt voll und ganz auf den menschlichen Sammeltrieb ab. Gründer Ben Silbermann wollte einen gemeinsamen Ort für alle Onlinesammler schaffen, nicht nur weil er schon als Kind ein begeisterter Sammler war. Er wuchs im beschaulichen Iowa auf, das als einer der sichersten Staaten der USA gilt. Die Käfer, Grashüpfer und Schmetterlinge für seine Insektensammlung fing Silbermann im Garten und dokumentierte seine Funde so akkurat wie ein waschechter Insektenforscher. „Ich fand das cool und war überzeugt davon, etwas wirklich Wichtiges zu tun", erinnert sich Silbermann. Nach dem Studium arbeitete er zunächst für Google, als er die Idee hatte, ein eigenes Internetprojekt zu starten. In Silbermanns kleinem Apartment begannen er und seine Partner 2009 mit der Entwicklung von Pinterest. Seitdem ist das rasante Wachstum der Website überzeugender Beleg für seine Theorie von der Macht der menschlichen Sammelleidenschaft.

ZEIG MIR, WAS DU MAGST...

Genauso wichtig wie das Sammeln selbst ist die Möglichkeit, deine Pinnwände mit anderen zu teilen. Denn für dieses Netzwerk ist der soziale Aspekt tatsächlich essenziell. Bei Pinterest bist du nicht nur mit deiner eigenen Sammlung

Dottie Angel

Zim & Zou

Hutch Studio

beschäftigt, sondern hast außerdem Zugriff auf die Sammlungen anderer User – und umgekehrt. „Ich war immer schon der Meinung, dass man jemanden über das, was er sammelt, sehr gut kennenlernen kann – ob das nun die Möbel sind, mit denen er sich einrichtet, oder die Songs auf seinem iPod", sagt Silbermann. „Mir gefiel die Idee, das Erlebnis des Sammelns ins Internet zu übertragen und Menschen so die Möglichkeit zu geben, über ihre gemeinsamen Interessen in Kontakt zu treten." Und genau das ist es, was bei Pinterest passiert. Und zwar nicht nur online, sondern immer häufiger auch im wahren Leben: Inzwischen gibt es weltweit Pinterest-Treffen, bei denen sich Menschen, die sich über ihre Pinnwände kennengelernt haben, von Angesicht zu Angesicht über ihre gemeinsamen Interessen austauschen.

Als Pinterest-Neuling siehst du dir vermutlich erst einmal die Wände von Leuten an, die du von Facebook oder Twitter kennst. Aber dann klickst du links oben im Menü auf den „Alles"-Link und schaust, was auf der Hauptpinnwand passiert. Hier siehst du, was alle anderen User gerade so pinnen – und findest schnell Bilder, die sich auch auf deiner eigenen Seite gut machen würden. Fahre mit der Maus über das Bild, das dir gefällt, und klicke auf den Pin-it-Button. Mehr ist nicht nötig, um es deiner Pinnwand hinzuzufügen. Wenn du das Bild direkt anklickst, lässt es sich bis zu demjenigen zurückverfolgen, der es als Erster auf Pinterest gepostet hat. So kannst du herausfinden, ob ein Pinner, dessen Motiv dir gut gefällt, auch ansonsten deinen Geschmack trifft. Sollte sich eine seiner Pinnwände als Schatztruhe voller Dinge entpuppen, die du auch magst, dann brauchst du einfach nur auf „Pinnwand folgen" zu klicken. Begeistern dich sogar alle seine Pinnwände, klickst du auf „Allen folgen". Dann kriegst du sämtliche neuen Pins dieses Users auf deiner Pinterest-Startseite angezeigt. So erhältst du, wann immer du willst, Inspirationen von Leuten, deren Geschmack und Urteil du schätzt. Und das ist ein weiterer Schlüssel zum Erfolg von Pinterest – denn weil wir so gut wie immer und überall Zugang zu einer Vielzahl an Informationen haben, sind wir zunehmend auf das Urteil von Menschen angewiesen, die wir kennen und mögen.

„Auf Pinterest kannst du durch deine Freunde oder durch Leute, die du schätzt, die tollsten Dinge entdecken", sagt Silbermann. „Das heißt, für Lesetipps brauchst du im Internet keine Buchclubseite und für Weinempfehlungen keine Weinclubseite mehr zu besuchen. Pinterest deckt unsere sämtlichen Interessen und Entdeckungen ab und bündelt sie alle an einem einzigen Ort."

„Man kann jemanden über das, was er sammelt, sehr gut kennenlernen"

KREATIVE SELBSTDARSTELLUNG

Pinterest ist übrigens auch ein Ort, an dem man selbst zum Trendsetter werden kann. „Die meisten Menschen üben eben keinen künstlerischen Beruf wie zum Beispiel Filmemacher oder Musiker aus, der vielleicht all unsere Bedürfnisse nach kreativer Selbstdarstellung befriedigen würde. Das bedeutet nun mal für die Mehrheit von uns: Wir sind Konsumenten des kreativen Ausdrucks anderer." Doch Pinterest erlaubt uns, uns selbst auszudrücken, indem wir anderen zeigen, was uns gefällt. Und seien wir mal ehrlich: Wer würde sich nicht geschmeichelt fühlen, wenn sich die eigene Pinnwand als besonders beliebt erweist? Wenn die anderen User eifrig reagieren auf die eigenen Fundstücke, sie kommentieren und weiterpinnen? Das ist doch fast so ein gutes Gefühl, als hätte man sie selbst kreiert.

Ein amüsanter Spruch, der bei Pinterest die Runde machte, lautete: „Danke, Pinterest, dass du mir das Gefühl gibst, wirklich kreativ zu sein, obwohl ich die letzten drei Stunden bloß vor dem Computer gehockt habe." Jeder Mensch – wenn er nicht die Wortgewandtheit eines Schriftstellers, das Auge eines Malers oder das Timing eines Fotografen hat – kann sich auf Pinterest gleichermaßen kreativ fühlen. Und genau das macht es für jeden so einzigartig. ●

TEXT **DORINE VERHEUL** FOTO **PINTEREST**

Wir haben unser Bestes getan, alle Urheber der gepinnten Bilder zu nennen. Aber das ist tatsächlich Pinterests größte Schwachstelle: Viele User vergessen, den Urheber des Objekts ihrer Begierde zu nennen – oder sie kennen ihn nicht einmal

AUSMALEN & AUFTANKEN

Ob zarte Blumen, ein Fink auf einem Ast oder gestempelte Sinnsprüche,
in unserem Malbuch findet bestimmt jeder ein Motiv nach seinem Geschmack.
Die Vorlagen wurden liebevoll von Illustratoren gestaltet

Schon das Geräusch, wenn Buntstift oder Filzer beständig
übers Papier fahren, ist irgendwie entspannend. Und
auch das Ausmalen selber ist ein bisschen wie eine farbige,
schlichte Meditation. Wer Kinder über ihre Malbücher
gebeugt sieht, die Zunge im Mundwinkel und vollkommen versunken,
bekommt oft eine Erinnerung daran, wie wunderbar man beim
Ausmalen abschalten und auftanken kann. Dieses Erlebnis kannst
du dir ruhig auch mal wieder gönnen. Gern auch öfter. In
unserem Malbuch für Erwachsene haben wir jedenfalls 27 Vorlagen
verschiedener Illustratoren mit sehr unterschiedlichen Stilen zu-
sammengestellt. Dabei ist auch ein Flow-Mädchen unserer Grafikerin
Annelinde Tempelman und gestempelte Sprüche von Judith van
der Giessen, etwa „Hooray for today". Warum nicht den Tag mit dem
Ausmalen eines großen H beginnen? ●

Meine Entdeckung des Jahres!

Als Lektorin ist Julia täglich umgeben von Geschichten und immer auf der Suche nach dem Besonderen, dem Außergewöhnlichen. Mit *Die Achse meiner Welt* hat sie genau das gefunden. Hier erzählt die Verlagsfrau, was den Roman so einzigartig macht.

GENAU MEINS

Wie bist du auf das Buch aufmerksam geworden?

Eines Tages rief mich mein Literaturscout an und schwärmte mir von einem Buch vor, das in England bereits Tausende von Lesern begeistert hatte. Selbstverständlich wurden auch andere Verlage darauf aufmerksam, aber ich konnte die Autorin für meinen Verlag gewinnen. Das Buch erscheint nun in über 13 Ländern.

Was ist das Außergewöhnliche an der Geschichte?

Eindeutig das Ende! Es hat mich echt vom Hocker gehauen. Die Autorin spielt wunderbar mit unseren Erwartungen und stellt immer wieder die Frage: Was würdest du tun, wenn dir das Leben eine zweite Chance geben würde?

Und was würdest du tun, wenn dir das Leben eine zweite Chance geben würde?

Im Gegensatz zu Rachel, der Figur aus dem Roman, hat es das Schicksal bisher sehr gut mit mir gemeint. So wird es hoffentlich den meisten Lesern gehen. Der Roman kann aber ein Appell sein, sich im Leben nicht mit einem *Okay* abzufinden, wenn es auch ein *Grandios* gibt. Wir sollten wahrscheinlich alle mutiger sein und an unsere Träume glauben.

320 Seiten | € [D] 9,99

Foto: Jochen Kunstmann

Gewinnen Sie *Die Achse meiner Welt* für sich und Ihre beste Freundin. Jetzt auf www.knaur.de/genaumeins

KNAUR
So liest man heute

UNSERE
ZEIT IST
UNSER
LEBEN

In Alltagsgesprächen fällt häufig der Satz „Dazu habe ich keine Zeit". Der Philosoph und Ökonom Karlheinz Geißler beschäftigt sich seit Jahren mit der Frage, wieso wir uns so gehetzt fühlen. Seine These: Wenn wir unsere innere Haltung zum Thema Zeit verändern, fühlen wir uns im Leben viel freier.

ES SCHEINT, ALS SEI ZEITKNAPPHEIT HEUTE DAS VORHERRSCHENDE LEBENSGEFÜHL. STIMMT DAS?

Unser Leben ist tatsächlich davon geprägt, dass wir permanent das Gefühl haben, für alles zu wenig Zeit zu haben. Aber neu ist das nicht. Die empfundene Zeitknappheit hat sich über die Jahrhunderte immer stärker zugespitzt. Bereits im 14. Jahrhundert beschrieben Menschen das Gefühl, nicht genug Ruhe und Muße zu haben. Es war die Epoche, in der in den Städten überall öffentliche Uhren angebracht wurden. Vorher bestimmte die Natur die zeitlichen Abläufe. Man verabredete sich, indem man sagte: „Wir sehen uns morgen früh, wenn die Kühe auf die Weide gehen." Mit dem wachsenden Einfluss der Uhr war das dann vorbei. Jetzt richteten die Menschen sich nach dem Glockenschlag. Und diese Entwicklung ist immer extremer geworden. Heute haben wir das Gefühl, dass wir unser Leben nur im Griff haben, wenn wir auch die Zeit im Griff haben.

ABER WARUM IST ES UNS EIGENTLICH SO WICHTIG, DIE ZEIT IM GRIFF ZU HABEN?

Dahinter steckt ein Denkmuster der Moderne, das wir verinnerlicht haben. Zu Beginn des 20. Jahrhunderts wurde der Kapitalismus immer einflussreicher und mit ihm der Slogan „Zeit ist Geld", also die Idee, dass es wichtig ist, viel und effektiv zu arbeiten. Andererseits steckte darin auch das Versprechen, dass die Menschen durch technische Neuerungen und die eng getaktete Arbeit letztlich auch Freizeit gewinnen würden. In den 60ern machten US-Zeitschriften Artikel zu der Frage, was Menschen in Zukunft mit all ihrer freien Zeit anfangen werden. Doch es ist anders gekommen als damals erwartet. Das Prinzip, ganz schnell ganz viel zu arbeiten und dann frei zu haben, ist nicht aufgegangen, wir hetzen ständig und haben trotzdem nie Zeit.

WIE KANN MAN DIESE HEKTIK ÄNDERN, WIE DIE HALTUNG „ZEIT IST GELD" LOSWERDEN?

Es hilft, einen Schritt zurückzutreten und einmal in Ruhe darüber nachzudenken, was Zeit eigentlich für uns ist: Wann immer wir im Alltag über Zeit reden, sprechen wir letztlich über unser Leben. Wenn wir unzufrieden sind und sagen „Ich habe keine Zeit", meinen wir oft „Ich habe kein Leben". Diesen Gedanken kann ➤➤

„In allen Hochkulturen waren Geduld, Gelassenheit und Langsamkeit ein Zeichen von Würde, Klugheit und Selbstachtung" man noch weiterdrehen. Es stimmt nicht, wenn wir sagen „Wir haben Zeit" – auch wenn man das in der Umgangssprache so sagt. Richtiger wäre es, zu sagen: „Wir sind die Zeit." Unsere Zeit ist unser Leben. Wer hier den Sprachgebrauch überdenkt, wird sich nach und nach bewusster, wie das mit der Zeit funktioniert. Wer sich entspannt zurücklehnt und über seine Zeit frei verfügt, statt sich zu hetzen, der fühlt sich freier und selbstbestimmter.

SICH ZEIT ZU NEHMEN BEDEUTET ALSO FREIHEIT?

Ja. Und noch mehr. Sich Zeit zu nehmen ist eine Art von Wohlstand. Mehrere Forscher sprechen heute davon, dass wir uns dem Zeitwohlstand zuwenden sollten, also der Gesellschaft nicht nur einen materiellen Wohlstand gönnen sollten, sondern auch genug Muße, Ruhe und Zeit zu leben.

DAS WORT „ZEITWOHLSTAND" KLINGT SCHÖN. WIE SIEHT DAS AUS, WENN MAN IN DIESEM ZUSTAND LEBT?

Es geht darum, verschiedene Zeitformen zu erleben und zuzulassen. Der strenge Takt der Uhr darf zwar auch gelten, wenn man etwas abarbeitet oder produziert. Aber das, was wir Leben nennen, zeichnet sich auch durch andere Zeitqualitäten aus.

Beispielsweise geht es darum, dass wir Zeit vertrödeln dürfen, uns treiben lassen, etwa am Wochenende. Dass wir immer mal wieder Zustände erleben, in denen wir die Uhr gar nicht beachten, auf dem Sofa liegen und lesen, uns mit Freunden treffen oder mit der Familie Zeit verbringen. Ganz wichtig ist also, dass man in der Gesellschaft nicht nur in abgezirkelten Stunden und Tagen Freizeit und Muße hat, sondern dass gelegentlich auch im Alltag das Gefühl entsteht, einen Überfluss an Zeit zu haben. Es gibt inzwischen viele Studien, die zeigen, dass Menschen in ärmeren Gesellschaften zwar weniger Güter besitzen, aber dafür in der Regel viel Zeit haben und diese auch genießen. Was für ein Wohlstand wäre es für uns, mal einen Dienstagvormittag zu verbummeln.

UND WIE KOMMT MAN SELBST IN DEN GENUSS VON MEHR ZEITWOHLSTAND?

Es hilft, mehr auf die eigene Tagesform zu achten, genau zu gucken, wann man sich frisch und aktiv fühlt, wann eher schlapp, und sich danach auch wirklich zu richten. Wie oft sind wir in dem Konflikt, dass wir am Wochenende müde sind, aber unsere Freizeit verplant ist. Es fällt uns oft schwer, dem persönlichen Wunsch nach Muße nachzugeben, wir stellen auch samstags und sonntags den Takt der Uhr über das persönliche Befin-

den, halten unsere Freizeittermine streng ein. Das zu verändern wäre schon ein riesiger Schritt in Richtung Zeitwohlstand. Darüber hinaus geht es auch darum, einen persönlichen Rhythmus zu finden, also als Frühaufsteher wirklich mit dem Sonnenaufgang aufzustehen und die Ruhe zu genießen oder schon etwas zu arbeiten, auch wenn es absurd erscheint. Als Spätaufsteher sollte man sich morgens mehr Zeit zu lassen, bis man in die Gänge kommt. So ein Leben nach der natürlichen Zeit ist gar nicht so schwer – wenn man erst mal weiß, womit man sich wohlfühlt.

UND WIE KANN MAN DIESEN EIGENEN UND NATÜRLICHEN RHYTHMUS IN EINEM STRESSIGEN BÜRO BEIBEHALTEN?

Zwischenphasen zelebrieren: Wenn eine Arbeit abgeschlossen ist, man nach einer langen, konzentrierten Phase nicht mehr denken kann oder wenn man merkt, dass man gerade viel geschafft hat, dann ist eine Zäsur angebracht. In solchen Zwischenphasen zu pausieren, gedanklich zu schlendern und abzudriften, einfach nur am Fenster zu stehen und rauszuschauen, das erfrischt und beruhigt. Wer glaubt, dass er dazu keine Zeit hat: Es ist mittlerweile erwiesen, dass man eine Aufgabe wirklich nur anfangen kann, wenn man die vorherige zu Ende gebracht hat. Der Philosoph

EINFACH MAL BUMMELN

TEXT **CAROLA KLEINSCHMIDT** ILLUSTRATION **JUDITH VAN DER GIESSEN**

Walter Benjamin hat es so ausgedrückt: Zum Denken gehören nicht nur die Bewegungen der Gedanken, sondern auch ihre Stilllegung.

RUMTRÖDELN IST ALSO PRODUKTIV?

Auf jeden Fall. In der Zeitforschung diskutiert man heute die Frage, welche Produktivkraft das Liegenlassen hat oder wie es gelingt, mit einer Sache zum rechten Zeitpunkt aufzuhören. In allen Hochkulturen waren Geduld, Gelassenheit, Beharrlichkeit und Langsamkeit Zeichen von Würde, Klugheit und Selbstachtung. Schnelldenker wurden dagegen gewarnt mit Worten wie „Wer schnell denkt, strauchelt leicht". Die totale Fokussierung auf Geschwindigkeit hat dieses Wissen leider völlig verdrängt.

SIE SELBST HABEN VIEL ER-FAHRUNG MIT LANGSAMKEIT. ALS KIND ERKRANKTEN SIE AN KINDERLÄHMUNG. WIE HAT DAS IHR DENKEN BEEINFLUSST?

Ich habe ein Jahr gebraucht, um zum zweiten Mal aufrecht gehen zu lernen. Das ist gelungen. Aber ich konnte niemals mehr wirklich beschleunigen.

Ich habe in diesem langsameren Lebensmodus viel gelernt. Zum Beispiel, dass ich auch ohne Tempo zu machen pünktlich ans Ziel komme. Und dass diejenigen, die immer losgerannt sind, oft auch nicht schneller waren. Letztlich bin ich den Leuten häufig vorausgehinkt.

WIR MÜSSEN DIESE LANGSAMKEIT ERST WIEDER LERNEN. INWIEWEIT HELFEN URLAUBE UND AUSZEITEN, WIE ZUM BEISPIEL MEDITATIONS-ZEITEN IM KLOSTER?

Urlaube sind gut, um die verschiedenen Zeitqualitäten überhaupt erst wieder zu spüren. Wenn man gerade faul am Strand liegt, merkt man eher, dass genau das jetzt guttut – und lässt so etwas wie eine Stadtbesichtigung lieber sausen. Ritualisierten Auszeiten wie Klosteraufenthalten stehe ich zwiespältig gegenüber: Einerseits ist es ähnlich wie bei Urlauben, man spürt die Ruhe, die eigenen Bedürfnisse besser. Andererseits benutzen viele Leute eine solch kompakte Entschleunigung dazu, um danach doppelt so schnell zu arbeiten. Das bringt nichts, weil so kein alltäglicher, natürlicher Rhythmus entsteht.

MAN TUT JA AUCH SELBST EINIGES, UM DEN TAGEN MEHR TEMPO ZU GEBEN. HEUTE SCHAUT JEDER AUF SEIN SMARTPHONE, SOBALD ER 30 SEKUNDEN NICHTS ZU TUN HAT.

In unserer Kultur gilt: Ein volles Leben ist ein gutes Leben. Wir denken, dass unser Leben reicher wird, wenn wir das Pensum von drei Leben hineinpacken. Und wir verscheuchen auf diese Weise auch unsere Angst vor dem Sterben, vor der Vergänglichkeit. Dabei übersehen wir aber leicht, dass man so nicht einmal das eine Leben richtig lebt. Es wäre hilfreicher, Sachen, die zu viel sind, einfach sein zu lassen. Statt sich Punkte auf eine Das-ist-zu-tun-Liste zu schreiben, kann man sich ganz praktisch abends eine kleine Was-ist-zu-lassen-Liste schreiben. Wenn man diese Dinge dann auch wirklich einfach sein lässt, dann stellt sich das Gefühl ein, dass man genug Zeit hat. ●

Karlheinz A. Geißler:
* *Alles hat seine Zeit, nur ich hab keine. Wege in eine neue Zeitkultur* (Oekom)
* *Lob der Pause. Von der Vielfalt der Zeiten und der Poesie des Augenblicks* (Oekom)

Die Bücher meines Lebens

In jeder Flow fragen wir Buchmenschen, welche Lese-Erlebnisse sie in ihrem Leben besonders beeindruckt haben. Dieses Mal stellt uns Katharina Hesse von der Stiftung Buchkunst in Frankfurt ihre fünf Lieblingsbücher vor

N ein, in ihr Wohnzimmer schafft es nicht jedes gute Buch, da ist Katharina Hesse konsequent. Es muss auch schön sein. Die, die nicht so gut aussehen, wohnen ein Stockwerk weiter oben. „Besondere Bücher machen mir einfach Spaß", sagt sie. Auch beruflich sucht die 40-Jährige nach den Schmuckstücken: Seit dem vergangenen Jahr ist Hesse Geschäftsführerin der Stiftung Buchkunst. Diese prämiert jedes Jahr herausragend gestaltete Bücher. Die Kriterien? Wenn es nach Katharina Hesse geht, kann man Schönheit fühlen: „Neulich hatte ich ein Buch in der Hand, das war unglaublich weich!", sagt sie. „Leider war es weiß und man konnte es nicht ständig anfassen." Schönes Einbandmaterial, tolle Farben, verschiedene Papiersorten, mal grob, mal fein – darin kann sich die gelernte Buchhändlerin

verlieren. Um die Zukunft des Buches macht sie sich übrigens keine Sorgen: „Vielleicht wird es irgendwann weniger Bücher geben – aber die, die neu erscheinen, werden immer schöner."

Katharinas fünf Favoriten:

JONATHAN SAFRAN FOER – EXTREM LAUT UND UNGLAUBLICH NAH

Vor einigen Jahren war ich auf Sardinien im Urlaub und hatte nichts mehr zu lesen. Eine Katastrophe! An einem Kiosk stand dieses Buch. Es passte da irgendwie gar nicht hin und ich hab sofort zugegriffen. Danach war ich drei Tage lang weg, hab nur noch am Strand gelegen und gelesen. Und gelacht. Und geweint. Fürchterlich geweint. Ich habe davor und danach kein Buch gelesen, das mich so ergriffen hat. Es ist die Geschichte des neunjährigen Oskar, einem besonderen

Jungen, der seinen Vater bei den Terroranschlägen in New York verliert. In dessen Schrank findet er einen Umschlag mit einem Schlüssel und der Aufschrift „Black". Oskar glaubt, dies sei ein Rätsel für ihn, und versucht, es zu lösen – ganz allein und zugleich begleitet von vielen Menschen. Nicht nur inhaltlich stimmt das Buch, auch die gestalterische Umsetzung ist so toll. Wenn in der totalen Verzweiflung plötzlich die Buchstaben immer enger werden, sich sogar übereinanderlegen und man denkt: „Druckfehler?" Das kann nur ein Buch, kein anderes Medium. ➤

1

2

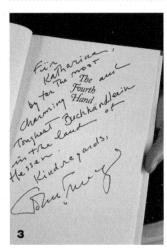

3

1. Das farbenfrohe Bild hat Katharina von ihrem Mann geschenkt bekommen: „Man kann es immer wieder neu zusammensetzen. Toll"

2. Lieblingsbuch Nummer eins von Jonathan Safran Foer

3. Besondere Handschrift: Autor John Irving hat in seinen Roman eine Widmung für die „most charming Buchhändlerin" geschrieben

MAX FRISCH – STILLER

Stiller ist die Geschichte einer Verweigerung, einer Identitätssuche. Wichtiger als die genaue Handlung ist eigentlich das Gefühl, das man beim Lesen mitnimmt. Das Entscheidende steht für mich auf der ersten Seite: „Ich bin nicht Stiller", sagt der Erzähler, und nur ein einziger Mensch in seinem Umfeld akzeptiert das. Da will einer auf gar keinen Fall der sein, der er ist. Ich hab das Buch mit Anfang 20 gelesen, also in einer Phase, in der ich noch nicht genau wusste, in welche Richtung ich will. Da konnte ich das gut nachvollziehen, diese Verzweiflung darüber, dass niemand einem die eigene Lebensgeschichte glauben will. Und dann ist die Geschichte auch noch wahnsinnig gut geschrieben.

STEWART O'NAN – ENGEL IM SCHNEE

Dieses Buch fängt an wie ein Krimi – ist aber keiner. Stewart O'Nans erster Roman spielt in einem US-Vorstadtkaff, so eines mit Diner und flackernden Ampeln, viel Natur, viel Schnee. Dort wird eine junge Frau erschossen, die ehemalige Babysitterin des Ich-Erzählers. In der Retrospektive erfährt man die Geschichte beider Personen – wer die Tat begangen hat, steht gar nicht im Vordergrund. Beim Lesen hatte ich das Gefühl, ich könnte dieses Buch sofort verfilmen. O'Nan arbeitet mit starken Bildern, hat ein gutes Gespür dafür, Menschen zum Leben zu erwecken, ihnen eine Kontur zu geben. Auch wenn mir nicht alles von ihm gefällt: Ich gebe jedem neuen Stewart O'Nan eine Chance. ●

SHAKTI PAQUÉ – WAS VOM LESER ÜBRIG BLEIBT

Ein Buch für jeden Tag. Es liegt auf meinem Sideboard. Wenn ich vorbeilaufe, guck ich einfach rein. Es sind Bilder: Fundstücke aus gebrauchten Büchern, zum Beispiel Zeitungsausschnitte, Notizen, Kassenbons, was eben drin lag. Die Künstlerin Shakti Paqué sammelte die Sachen über Jahre in einem Antiquariat. Die Kombi aus dem, was Leute lesen und was sie in die Bücher reinlegen, finde ich spannend! Ein altes Sparbuch in William von Simpsons *Der Enkel*. Oder eine Karteikarte, auf der nur das Wort „nichts" steht, in einem Sachbuch über Websites. Ich mache immer wieder neue Entdeckungen. Das ist ja das Schöne an Sachbüchern – man muss nicht von vorn nach hinten lesen. Ich schau einfach, wohin mein Finger mich führt. Dann gehe ich weiter und denke: „Schön! Morgen wieder."

RENÉ GOSCINNY – DER KLEINE NICK

Ich finde ja, jeder müsste *Den kleinen Nick* kennen. Als ich Kind war, hat er mich und meine Familie jahrelang begleitet. Das Muster in den einzelnen Geschichten ist immer gleich: Es gibt eine Situation, dann Stress, und am Schluss ist großes Chaos und die Hälfte heult. Das ist eigentlich jedes Mal so, ob beim kleinen Nick und seinen Schulfreunden oder bei seinem Vater, der sich mit dem Nachbarn streitet. Danach ist es aber auch wieder gut, und es kommt die nächste Geschichte. Verlierertypen statt Superhelden, das mag ich einfach. Ich liebe auch die Zeichnungen und guck mir heute noch gern die Bilder an: Wie die ein Klassenfoto machen und sich am Ende alle verprügeln und die Lehrerin kreischt und Adalbert weint, weil seine Brille kaputt ist – das ist immer noch super.

TEXT ANJA KELBER FOTO GABY GERSTER HAARE/MAKE-UP STEPHANIE RUPPANER

Leichter und einfacher und schöner
als an so einem Morgen konnte
es nicht sein. Man wird dadurch wach,
dass die Sonne in die Küche scheint
und die Vögel draußen in den Bäumen
fröhlich zwitschern (…), und dann
reitet man aus, und Hummeln und Bienen
surren in den Kirschblüten, und das
Pferd läuft im gestreckten Galopp dahin,
und man hat fast gar keine Angst.
Man hat nicht einmal Angst davor, dass
alles plötzlich zu Ende ist, so wie es
sonst mit allem geht, was Spaß macht.

Aus: *Die Brüder Löwenherz* von Astrid Lindgren

SPOIL YOURSELF

Zeit für eine kleine Verwöhnpause

Was gibt es Tolleres, als sich regelmäßig überraschen zu lassen? Beispielsweise mit einem Beauty-Abo von Fairy-Box. Dann bringt der Postbote jeden Monat fünf bis sechs Produkte im Probeformat nach Hause – alle in Bioqualität, schick und umweltfreundlich verpackt. Von Pflege- über Hair-stylingprodukt bis Make-up lernt man so lauter schöne Neuheiten kennen. 19,90 Euro, fairy-box.de

Wipfelglück

„Es war ein Schiff, und wenn man dort oben saß, konnte man die wolkengesäumten Küsten aller Träume entlangsegeln", schrieb Truman Capote einst über das Baumhaus. Tipp zum Mitsegeln: das Resort Baumgeflüster in Bad Zwischenahn, ab 109 Euro p. P., baumgefluester.de

Familie Leckermaul

Dürfen wir vorstellen? Die Melicenas, eine bunte italienisch-deutsche Familie mit einer besonders nachhaltigen Leidenschaft für Eis. Da wäre zum Beispiel die traditionsliebende Oma Erica. Oder Betty, die etwas verrückte amerikanische Tante. Jedes fiktive Familienmitglied steht für eine Eissorte, Oma Erica für Vanille, Auntie Betty schmückt das Cheesecake-Becherchen. Ins Eis der Firma Novescor kommen nur Biozutaten, die Rezepturen stammen von italienischen Eismeistern. Das Ergebnis gibt's im Supermarkt, etwa bei Basic. Sehr sehr lecker!

Spruch trifft Kunst

„Everything will be okay in the end. If it's not okay, it's not the end", steht auf dem Gemälde von Caspar David Friedrich. Das Zitat stammt von John Lennon. Die Idee, Werke alter Meister mit Sinnsprüchen zu verzieren, stammt von den Machern von kunstkopie.de, einem Onlineshop für Kunstreproduktionen. Bilder sagen eben doch nicht immer mehr als tausend Worte.

Spuren im Sand

Der amerikanische Künstler Andres Amador verwandelt Strände in riesige Leinwände. Mit einer Harke zeichnet er gigantische Muster in den Sand. Manchmal sind seine Werke schon nach ein paar Minuten wieder verschwunden. Aber genau darin liegt der Reiz. „Man schafft etwas Wunderschönes – in dem Wissen, dass es vergänglich ist", sagt Amador. Für den 43-Jährigen geht es um den Entstehungsprozess. Konzentriert malt er seine Motive in den Sand, vergisst dabei alles um sich herum. Am liebsten am Ocean Beach seiner Heimatstadt San Francisco. Dort gibt er übrigens auch Workshops in Sandmalerei. andresamadorarts.com

Handgemachte Zeitschrift

Spring, das ist eine komplett andere Frauenzeitschrift. Gegründet von einer Gruppe Hamburger Künstlerinnen, versammelt sie eine spannende Auswahl an Zeichnungen, Illustrationen und kurzen grafischen Erzählungen. Einmal im Jahr, pünktlich zum Sommer, erscheint das Magazin, immer gibt es ein Oberthema. In diesem Jahr sind „Wunder" dran. Zu bestellen sind die Hefte für 6 bis 16 Euro über springmagazin.de

Starke Stimmen

Muttis Kinder brauchen für ihre Musik keine Instrumente, nur ein Mikrofon und ihre Stimmen. Und da alle drei auch Schauspieler sind, machen sie mit kleinen Gesten und Augenaufschlägen aus jedem Song ein amüsantes Kammerspiel. Rock und Pop treffen in ihren Shows auf Jazz und Klassik, und alles wird mit einem ironischen Augenzwinkern vorgetragen. A-cappella-Comedy. Da muss man einfach gute Laune kriegen. Termine: muttiskinder.com

Sommer in Sicht

Die Sonne kommt: Die stylishen Brillen des Hamburger Labels Karmawood sehen nicht nur toll aus, sie werden auch aus nachhaltigen Rohstoffen wie Zebrano- oder Rotholz handgefertigt. Und 1 Euro pro verkaufter Brille geht an eine Schule in Jakarta. Eine schöne Kombination aus Stil- und Umweltbewusstsein. 150 Euro, karmawood.de

TEXT **TANJA REUSCHLING**

WEB SHOPPEN

Egal wo man lebt – die schönsten Dinge sind nur einen Klick entfernt

GESCHENKEFUERFREUNDE.DE
Notizzettel „Memo Pad Apple" von Kikkerland ✱ 5,50 Euro

GOURMONDO.DE

Apfelsaft „Rubinette" ✱ 3,99 Euro

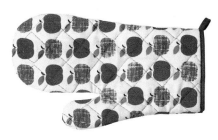

DOTCOMGIFTSHOP.COM

Ofenhandschuh „Mitt Apples"
✱ ca. 4,80 Euro

KOZIOL-SHOP.DE

Lunchbox „Boskop" ✱ 12,25 Euro

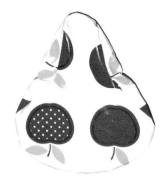

KINDEROLO.DAWANDA.COM

Fahrradsattelschutz ✱ 9,90 Euro

NORDLIEBE.COM

Druck von Isa Form ✱ 35 Euro

SOCIETY6.COM

Wanduhr „Apple 17" von Rhett ✱ ca. 22 Euro

AMAZON.DE

Dockingstation von Art in the City
✱ 49,90 Euro

BUTLERS.DE

Klebeband „Äpfel" ✱ 1,99 Euro

JAETTEFINT-SHOP.DE

Becher von Koloni Stockholm ✱ 16,50 Euro

JAMATASHOP.ETSY.COM

Wendestoffkorb „Red Delicious" ✱ 17,50 Euro

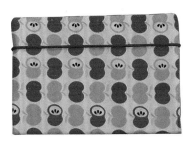

DANCINGHIPPOQUILTS.DAWANDA.COM

Notizbuch „Apfel Liebe" ✱ 14,50 Euro

SCHATZINSEL-BERLIN.DE

Kleiderhaken ✱ 5,90 Euro

NOSTALGIEIMKINDERZIMMER.DE

Grill von Spiegelburg ✱ 24,95 Euro

EMILUNDPAULA.DE

8 Luftballons von Spiegelburg ✱ 4,50 Euro

GRILLFUERST.DE

„Bar-B-Q Sauce" von Stubb's ✱ 6,95 Euro

BLUEBOXTREE.COM

Papierteller mit Streifen ✱ 7,90 Euro

GOURMONDO.DE

Orangenlimonade von Lurisia ✱ 8,99 Euro

DE.ANTHROPOLOGIE.EU

Fischer-Korkenzieher ✱ 14 Euro

KOZIOL-SHOP.DE

Kanne „Crystal" ✱ 12,75 Euro

AMAZON.DE

Buch „Das perfekte Picknick" von Pollach/
Strasser ✱ 14,90 Euro

URBANOUTFITTERS.COM

Polaroid-Kamera ✱ 150 Euro

AMAZON.DE

Picknickkorb von Cilio ✱ 89,90 Euro

MAGAZIN.COM

Sonnenschutz „Schattenheld" ✱ 49 Euro

NELLY.COM

„After Sun Crème" von Hawaiian Tropic
✱ 20,95 Euro

Ab nach draußen…

DOLCEDECO.COM

Strohhalme ✳ 4,40 Euro

DE.DOPPER.COM

Flasche „Dopper Original Simply Red
Limited Edition" ✳ 12,50 Euro

STERNENSTAUB-LINDEN.DE

Emaille-Becher von Rob Ryan ✳ 10,95 Euro

MINIMARKT.COM

Spiel „Gemischtes Doppel" ✳ 17,50 Euro

PINKMILK.DE

Kühltasche von Present Time ✳ 18,90 Euro

SUCRESHOP.ETSY.COM

Holzbesteck „Colorblock"
✳ ca. 9 Euro

DAS-TROPENHAUS.DE

Melamin-Lunchbox von Rice ✳ 53,90 Euro

SONORO-STORE.DE

UKW-Radio „CuboGo" ✳ 99 Euro

AMBIENTEDIRECT.COM

Liegestuhl „Snooze" von Emu ✳ 159 Euro

DESIGN-3000-DE

Pillowbag von Hhooboz ✳ 79 Euro

SANDQVIST.NET

Rucksack „Stig" ✳ 109 Euro

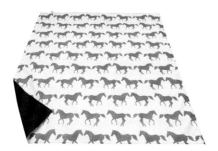

ANORAKONLINE.CO.UK

Decke „Kissing Horses" ✳ ca. 44 Euro

Wir ecken an

 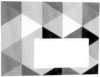

AVAUNDYVES.DAWANDA.COM
10 Briefumschläge „Dreiecke" ✱ 3,90 Euro

DE.FERMLIVING.COM
Tapete „Harlequin" ✱ 81 Euro

LYS-VINTAGE.COM
Kissen „Bobby" von Luckyboysunday
✱ ab 85 Euro

STUDIOSNOWPUPPE.NL
Origamileuchte in Mintgrün ✱ 59 Euro

MINIMARKT.COM
Mobile „Themis Prism" von
Clara von Zweigbergk ✱ 39,50 Euro

DE.FERMLIVING.COM
Schürze „Triangle" ✱ 30 Euro

MONCOLONEL.FR
Tablett „Kaleido" von Hay ✱ ab 12 Euro

ANOTHER-CASE.COM
iPhone-Hülle ✱ 13 Euro

SNUG-STUDIO.DAWANDA.COM
Holzkette von Snug ✱ 24,90 Euro

AMBIENTEDIRECT.COM
Schale „Crushed" von Muuto ✱ ab 39 Euro

MADEINDESIGN.DE
Klebespiegel „Round Square" ✱ 65 Euro

HAYSHOP.DK
Bauklötze „Wooden Wonderland"
✱ ca. 54 Euro

KLEINES-SCHAF.COM
Stempel „Thank You" von Ingela P Arrhenius
✱ 5,90 Euro

LYS-VINTAGE.COM
Eulenuhr von Decoylab ✱ 79 Euro

HAYSHOP.DK
Tape Block ✱ ab ca. 14 Euro

GESCHENKEFUERFREUNDE.DE
Frühstücksbrett „Tape Brett" ✱ 14,95 Euro

AMBIENTEDIRECT.COM
Tischleuchte „Wood Lamp"
von Muuto ✱ 149 Euro

SUPARINA.DAWANDA.COM
„Holz Ring" ✱ 9 Euro

HOWKAPOW.COM
Salatbesteck „Dino" ✱ ca. 19 Euro

MADEINDESIGN.DE
Spiegel/Regal „Wall Wonder"
von Ferm Living ✱ 210 Euro

SCHOENER-WAERS.DE
Holzradio „Ikono" von
Magna Wooden Radio ✱ 220 Euro

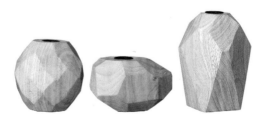

NOSTALGIEIMKINDERZIMMER.DE
Kerzenhalter „Rock" von Bloomingville
✱ 31,90 Euro

AVOCADOSTORE.DE
Herren-Armbanduhr von WeWood
✱ 99,95 Euro

MINIMARKT.COM
Hoptimist „Baby Bumble" ✱ 49,95 Euro

„GLAUBEN AN IHRE ID
UND DANN
SIE IHRE WÄ
DRAN GLAU

SIE
EN.
LASSEN
NDE
UBEN."

JESSICA FOLCKER,
SÄNGERIN

SCHÖNER WOHNEN
EUROPAS GRÖSSTES WOHNMAGAZIN

Nudeln nach Seemannsart
mit Calvados

SO SCHMECKT DER SOMMER

Ob Bretagne, Bordeaux oder Provence – Rachel Khoo
hat sich quer durch Frankreich geschlemmt und uns von ihrer
kulinarischen Reise die besten Rezepte mitgebracht

Millefeuilles mit Ziegenkäse,
Erdbeeren und Gurke

Ratatouille in
kalter Marinade

Nudeln nach Seemannsart mit Calvados

ZUTATEN FÜR 4 PORTIONEN:

250 g getrocknete Pasta deiner Wahl
(etwa Fettuccine, Fusilli oder
Muschelnudeln) * 1 El Butter
1 Zwiebel, geschält und fein gehackt
15 cl Calvados * 2,5 kg Teppich- und/oder Herzmuscheln, abgebürstet, geöffnete Exemplare aus-
sortiert * 4 El Crème fraîche * 125 g Zuckerschoten
oder Erbsen * 4 mittelgroße Sauerampferblätter
(oder 1 Handvoll frische Petersilienblätter), fein
gehackt * abgeriebene Schale von 1/2 Biozitrone
und Zitronenspalten zum Servieren

Die Pasta nach Packungsanweisung kochen, in ein Sieb abgießen
und gut abtropfen lassen. Die Butter in einem großen Topf zerlassen und die Zwiebel darin glasig anschwitzen. Den Calvados angie-
ßen, die Muscheln hineingeben und zugedeckt 2 Minuten kochen
lassen. Umrühren, den Deckel wieder auflegen und die Muscheln
weitere 2–4 Minuten (Herzmuscheln nur 2 Minuten) garen, bis sie
sich geöffnet haben. In ein Sieb abgießen und die Kochflüssigkeit
in einer Schüssel auffangen. Ungeöffnete Muscheln aussortieren.
Die Nudeln wieder in den Kochtopf füllen. 4 El Muschelsud und die
restlichen Zutaten (mit Ausnahme der Zitronenspalten) dazugeben
und alles gut durchmischen. Die Zitronenspalten getrennt reichen.

Millefeuilles mit Ziegen- käse, Erdbeeren und Gurke

ZUTATEN FÜR 6 STÜCK:

6 El Butter * 2 El flüssiger Honig
4 Filoteigblätter (etwa 48 x 22 cm)
1 Ziegenkäserolle (250 g), zerkrümelt
20 Basilikumblätter * 1 Salatgurke
2 El weißer Balsamico-Essig * 200 g feste, reife
Erdbeeren, in Scheiben geschnitten

Den Backofen auf 160 Grad vorheizen. In einem kleinen Topf die
Butter mit 1 El Honig zerlassen. 1 Filoteigblatt so auf die Arbeits-
fläche legen, dass die breite Seite zu dir zeigt, und mit der Buttermischung bepinseln.

Rachel Khoo

Mit 100 g Käse bestreuen und die Hälfte der Basilikumblätter in
zwei Reihen à 5 Stück darauflegen. Ein 2. Teigblatt darauflegen und
mit der Buttermischung bestreichen. Das Rechteck anschließend
zunächst der Länge nach halbieren und danach in 10 kleine Rechtecke schneiden. Die Rechtecke auf ein Backblech legen und mit
den übrigen Teigblättern ebenso verfahren (die 50 g Käse, die übrig
bleiben, beiseitelegen). Die Rechtecke 10 Minuten goldgelb backen.

Inzwischen mit einem Sparschäler das Fruchtfleisch der Gurke in
langen Streifen abhobeln. Den restlichen Honig mit dem Essig
verrühren und die Gurkenstreifen mit den Erdbeerscheiben und
dem restlichen Käse darin wenden.

Auf jeden Teller 1 Teigrechteck legen, etwas Salat daraufgeben.
Ein 2. Rechteck auflegen, wiederum etwas Salat daraufgeben
und 1 weiteres Rechteck darauflegen. Die beiden Rechtecke, die
übrig bleiben, kannst du einfach so knabbern.

Ratatouille in kalter Marinade

ZUTATEN FÜR EIN 1-L-GLAS:

1 rote Paprikaschote * 1 gelbe Paprikaschote
1 Zucchini, der Länge nach in 3 mm dicke Scheiben
geschnitten * 1 Aubergine, der Länge nach in 3 mm
dicke Scheiben geschnitten * 225 ml bestes Olivenöl
Schale und Saft von 1 Biozitrone (die ausgepressten
Fruchthälften aufheben) * 2 Artischocken * 325 ml
Weißweinessig * Salz * 2 Knollen Knoblauch, die
Zehen abgelöst und geschält * 2 Tl getrockneter
Oregano 1 Prise Zucker * 6 frische Basilikumblätter ➤➤

Lillet-Fizz mit Ingwer und Zitrone

bis du an die darunterliegenden grünlich gelben Blätter gelangst. Die Artischockenherzen vierteln und das Heu mit einem Teelöffel herauskratzen. Artischockenherzen in das Zitronenwasser legen.

1½ l Wasser mit 200 ml Weißweinessig und 1 Prise Salz aufkochen. Die Artischockenherzen mit den Knoblauchzehen hineingeben und 5 Minuten kochen. In ein Sieb abgießen, abtropfen lassen und danach auf einem sauberen Geschirrtuch trocknen lassen. Den Oregano mit dem restlichen Öl und Essig, Zucker und 1 Prise Salz verrühren. Das sterilisierte Glas zur Hälfte mit Gemüse, Zitronenschale und Basilikum füllen und mit der Ölmischung bedecken (dabei darauf achten, dass sich keine Luftblasen bilden). Das restliche Gemüse einfüllen und mit der restlichen Ölmischung aufgießen. Falls nötig, noch etwas Olivenöl hinzufügen. Das Glas luftdicht verschließen und das Gemüse mindestens 3 Tage an einem kühlen, lichtgeschützten Ort durchziehen lassen.

Die Paprikaschoten auf ein mit Backpapier ausgelegtes Backblech legen und unter häufigem Wenden unter dem heißen Backofengrill rösten, bis die Haut schwarz wird. In einen Gefrierbeutel geben, gut verschließen und abkühlen lassen. Anschließend die Haut abziehen und das Fruchtfleisch in breite Streifen reißen, dabei Samen und Scheidewände entfernen. Zucchini- und Auberginenscheiben in etwas Öl wenden und portionsweise auf jeder Seite 3 Minuten in einer sehr heißen Grillpfanne braten.

Eine Schüssel mit Wasser bereitstellen und den Zitronensaft hinzufügen. Von den Artischocken oben etwa 5 cm abschneiden. Die Stiele auf etwa 5 cm kürzen und schälen. Die Stiele dabei immer wieder mit den ausgepressten Zitronenhälften einreiben, damit sie sich nicht verfärben. Die harten äußeren Blätter entfernen und die dunklen Blätter mit einem kleinen scharfen Messer abschneiden,

Lillet-Fizz mit Ingwer und Zitrone

ZUTATEN FÜR 1½ L:

500 ml Lillet, gut gekühlt ✳ 20 g kandierter Ingwer, fein gehackt ✳ 1 Biozitrone, in Scheiben geschnitten 6 Basilikumblätter ✳ Eiswürfel ✳ 1 l Tonicwater

Den Lillet mit Ingwer, Zitronenscheiben, Basilikumblättern und Eiswürfeln mischen und nach Belieben mit dem Tonicwater aufgießen. ●

....

KOCHENDE QUEREINSTEIGERIN

Rachel Khoo wuchs in London auf, besuchte eine Klosterschule in Landshut, graduierte am Central Saint Martins College of Arts and Design in London und ging dann – aus Abenteuerlust, wie sie sagt – nach Paris, um an der renommierten Kochschule Le Cordon Bleu einen Patissière-Kurs zu absolvieren. Und sie blieb. In der winzig kleinen Küche ihres Pariser 20-Quadratmeter-Apartments probierte sie die 120 Rezepte für ihr erstes Kochbuch, *Paris in meiner Küche*, aus, die gleichnamige TV-Kochshow wurde auch dort gedreht. Für ihr neues Buch reiste sie quer durch Frankreich, per Bahn, Bus, Flugzeug, Auto oder Fahrrad, ihre wichtigsten Küchenutensilien im Gepäck, um einerseits längst in Vergessenheit geratene Rezepte französischer Großmütter wiederzuentdecken und andererseits neue Trends aufzuspüren. *Meine französische Küche. Mehr als 100 Rezepte aus Frankreichs Genießerregionen*. Dorling Kindersley, 24,95 Euro

Rock the kitchen!

DELI – FÜR ALLE, DIE GERN KOCHEN UND NOCH LIEBER ESSEN

Ein Leben in KRÄFTIGEN FARBEN

Frida Kahlo, bis heute fasziniert uns Mexikos berühmteste
Malerin mit ihrem einzigartigen Werk, ihrem Schicksal und ihrer
Persönlichkeit: So selbstbewusst, stark und lebenslustig wie
sie würden auch wir gern durchs Leben gehen

Mit Blumen im Haar: Das Foto aus dem Jahr 1945 stammt von dem berühmten Fotografen und Liebhaber Kahlos, Nickolas Muray

„Ich bin wie eine Katze, mich bringt so schnell nichts um"

Vielleicht war es am Ende dann doch einfach zu viel – zu viel Leidenschaft, Liebe und Schmerz für ein einziges Leben –, sogar für eine so starke Persönlichkeit, wie sie es war. Obwohl sie nur 47 Jahre alt wurde, schuf sie ein solch großes Werk, dass sie bis heute als eine der wichtigsten Künstlerinnen, wenn nicht als DIE wichtigste Künstlerin Lateinamerikas gilt: Frida Kahlo, Malerin, Krüppel, Freigeist.

Öffentlich zeigt sich die Mexikanerin immer wieder durch ihre Bilder als verletzliche und verletzte Frau, weiblich und unter der Kinderlosigkeit leidend, gleichzeitig präsentiert sie sich dabei ungebrochen, stolz und kraftvoll. Mit der frei zur Schau gestellten Mischung aus Stärke und Schmerz löst sich Frida Kahlo von der vorgegebenen Frauenrolle und dem vorherrschenden Machismo ihrer Heimat – damit setzt sie nicht nur Zeichen, sie scheint auch ihrer Zeit voraus. Wer weiß, vielleicht hätten später erfolgreiche lateinamerikanische Künstlerinnen wie Ángeles Mastretta oder Gioconda Belli *(Bewohnte Frau)* ohne ein Vorbild wie sie nie den Mut zu ihren eigenen selbstbewussten Werken gefunden.

Als offizielle Todesursache Kahlos 1954 gilt eine Lungenembolie, bis heute spekuliert man allerdings, ob es nicht doch eher Selbstmord war, weil sie die großen Schmerzen nicht länger ertrug. Denn bis zu diesem 13. Juli, an dem Frida Kahlo in dem „Blauen

1. 1944 fotografierte der legendäre Leo Matiz die Künstlerin
2. Später malte Kahlo immer öfter Stillleben – wie dieses von 1951
3. Vor ein paar Jahren sorgte der Fund von fünf Koffern für Furore – ein mexikanischer Antiquitätenhändler kam in ihren Besitz, angeblich voll mit persönlichen Hinterlassenschaften der Malerin; lauter Dinge, die die Geschichte des ungewöhnlichen Lebens dieser Frau illustrieren. Sogar ein Buch erschien dazu: *Finding Frida Kahlo* von Barbara Levine. Doch Experten und Kahlo-Kenner zweifeln die Echtheit der Fundstücke bis heute an. In dem abgebildeten Koffer befanden sich nebst zwei Gemälden 300 Briefe, Rezepte, Speisekarten, Notizbücher, Skizzen, eine Bluse und ein Laken

Haus“, ihrem Wohnatelier in Coyoacán am Rande von Mexiko-Stadt ihre Ruhe findet, ist das Leben der Malerin geprägt von seelischen Ausnahmezuständen, körperlichen Qualen, von Übermut und Leid, von stürmischer Liebe und erotischen Begegnungen.

SCHON FRÜH ERKENNT SIE IHR ANDERSSEIN

Mit sechs Jahren erkrankt Magdalena Carmen Frieda Kahlo y Calderón, Tochter eines Deutschen und einer Mexikanerin, an Kinderlähmung und behält ein verkürztes Bein zurück. Zudem leidet sie an einer Wirbelsäulenspaltung, und bereits in ihren frühen Zwanzigern diagnostiziert man eine Rückgratdeformation. Zu diesem Zeitpunkt weiß sie längst, dass sie nie ein normales Leben führen ➡

Ein ungleiches, leidenschafliches Paar:
Frida und Diego Rivera in ihrem Atelier

Pinté mi retrato en el año de 1940 para el Doctor Leo Eloesser, mi médico y mi mejor amigo. Con todo mi cariño.

Dieses Selbstporträt malte Frida Kahlo 1940 für ihren Arzt und sehr guten Freund Leo Eloesser

104 _ flow Spoil yourself

TEXT MERLE WUTTKE FOTO HOLLANDSE HOOGTE, BPK-IMAGES, AKG-IMAGES, GETTY IMAGES, NEROC VGM, SUSANA GONZALEZ, BANCO DE MÉXICO DIEGO RIVERA FRIDA KAHLO MUSEUMS TRUST/VG BILD-KUNST, BONN 2014, FINDING FRIDA KAHLO, PRINCETON ARCHITECTURAL PRESS 2009

wird, hat etliche Operationen und quälend lange Monate in Gips-korsett und Krankenbett hinter sich – die Folge eines tragischen Unfalls, bei dem sie von der Eisenstange einer Straßenbahn prak-tisch durchbohrt wurde. Doch statt sich vom Schmerz überwäl-tigen zu lassen, nutzt sie ihn kreativ, zieht daraus auch noch Selbstvertrauen und Stärke. Er wird zu ihrer neuen Triebfeder, denn ursprünglich wollte Frida Kahlo Medizin studieren. Doch das ist nach dem Unfall nicht mehr möglich. Gelangweilt von der Ein-tönigkeit im Krankenzimmer, beginnt sie zu zeichnen. Ihre Mutter lässt ihr Spiegel am Bett anbringen – so kann sie sich trotz ihrer Unbeweglichkeit selbst malen. Zahlreiche ihrer weltberühmten Selbstporträts zeigen ihre Schmerzen und Verstümmelungen. Das Malen, die permanente Auseinandersetzung mit sich selbst, hilft Frida, wieder ihren Platz im Leben zu finden; später stilisiert sie den Schmerz, wird die „Schmerzensfrau". Ein ihr sehr eng verbun-dener Arzt, ihr „Doctorcito" Leo Eloesser, mit dem sie sich fast zärtliche Briefe schreibt, geht sogar so weit zu behaupten, dass sie sich nach den ständigen Operationen regelrecht sehnt.

EINE GROSSE LIEBE UND VIELE AFFÄREN

Für ihren seelischen Ausnahmezustand sorgt dagegen Diego. Diego Rivera, 20 Jahre älter, mexikanischer Malerfürst und Kom-munist, ein Charmeur und Großmaul und Fridas große tragische Liebe. Schon nach ihrem ersten zufälligen Aufeinandertreffen kurz vor dem Unfall ist sie derart fasziniert von diesem schwergewich-tigen, dicklippigen Hünen, dass sie sich ein Kind von ihm wünscht. Dazu wird es leider nie kommen. Frida Kahlos Körper ist durch die ständigen Operationen so belastet, dass alle Schwangerschaften in Fehlgeburten enden. Sie ist für immer gezeichnet, wird nie die zu dieser Zeit so wichtige Mutterrolle ausfüllen können – doch auch dieses Trauma bewältigt sie wie scheinbar alle tragischen Erleb-nisse, mit Würde, Humor und sehr selbstbewusst: „Ich bin wie eine Katze – mich bringt so schnell nichts um." Frida Kahlo wählt im-mer wieder bewusst und beinahe grimmig Kreativität und Lebens-freude, statt sich schwächen zu lassen.

Auch durch die Zeit mit Diego, den sie mit 22 Jahren das erste Mal und, kurz nach ihrer Scheidung, 1940 das zweite Mal heiratet, gewinnt sie neue Stärke. Der Mann raubt und schenkt ihr Kraft zugleich. Seine ständigen Seitensprünge, u. a. mit ihrer jüngeren Schwester Cristina, kränken die Malerin zwar, führen aber auch

dazu, dass sie eine immer selbstbestimmtere und unabhängigere Frau wird. Rivera, so sagte sie einmal, sei der zweite schwere Unfall in ihrem Leben gewesen. Er führt sie in die linke Politik ein, verehrt ihr Talent und sieht sie als „größte Malerin dieser Epo-che" – übrigens soll sogar Pablo Picasso beeindruckt davon ge-wesen sein, mit welchem Geschick Kahlo malte. Als junge Künst-lerin bittet Frida ihren Mann zunächst noch um Rat und Hilfe, bald aber überflügelt sie ihn mit ihrem Werk. Genauso versucht sie sich anfangs noch als fürsorgliche und treue Ehefrau, bringt Diego je-den Tag Mittagessen, bewundert seine Arbeit, doch es dauert nicht lange, da nimmt auch Frida sich, was und wen sie will. Hat Affären mit Männern wie dem geflüchteten russischen Revolutio-när Leo Trotzki, der eine Zeitlang im Hause Kahlo/Rivera Unter-schlupf findet, dem New Yorker Fotografen Nickolas Muray oder dem Kunstsammler Heinz Berggruen – und mit Frauen.

> „Ich male Selbstporträts, weil ich so oft allein bin"

Frida lässt ihr Leben nicht von ihrem Schicksal bestimmen. Wo andere einknicken, bleibt sie aufrecht. Ihren Freigeist und ihre Eigenständigkeit betont sie schon als junges Mädchen. Sie ist das wilde dritte Kind, das sich nur ungern unterordnet. Während sich die anderen um sie herum modern europäisch, aber immer weib-lich kleiden, trägt sie Anzüge und Kurzhaarschnitt. Später kulti-viert sie dann ihre ganz eigene Exotik – erscheint nicht nur zu Aus-stellungseröffnungen in New York oder Paris in mexikanischer Tracht und wie eine Indiofrau mit Knoten im Haar, sondern macht das farbenprächtige Verhüllen ihres Körpers zu ihrem Markenzei-chen. Genauso wie den Schnurrbart und die buschigen Brauen. Außerdem liebt Frida Kahlo dreckige Witze, Zigaretten, Whiskey und die Kultur ihrer Heimat – die Künstlerin ist eine fanatische Sammlerin traditioneller mexikanischer Volkskunst.

MIT UNBÄNDIGEM WILLEN

Auf ihren eigenen Bildern zeigt sich diese Märchenerzählerin unter den surrealistischen Künstlern als stark, unverwüstlich und stolz, als ungebrochene Frau, die versucht, sich über den Schmerz zu erheben. Im echten Leben gelingt ihr das nicht. Kurz vor ihrem Tod, als die körperlichen Qualen nur noch mit einer großen Menge Morphin zu ertragen sind, muss ihr der Fuß am-putiert werden, malen kann sie lediglich unter größter Anstren-gung und Mühe. Doch auch hier zeigt sich wieder ihr unbändiger Wille, selbst zu bestimmen und zu gestalten. Am Ende wünscht sie sich nur eins: froh in den Tod zu ziehen. Einer Frau wie ihr könnte selbst das noch gelungen sein. ●

....

1. *Ich und meine Papageien,* 1941. Das Bild malte Frida Kahlo während ihrer Liebesaffäre mit Nickolas Muray. Die Künstlerin war fasziniert von der indischen Mythologie, darin symbolisieren Papageien den Gott der Liebe
2. Viele der Briefe, die sich in den Koffern fanden, sind mit Vögeln verziert – ein wiederkehrendes Motiv in Kahlos Selbstporträts
3. Frida und ihre große Liebe, der 20 Jahre ältere Diego Rivera
4. *Stillleben mit Wassermelonen,* 1953

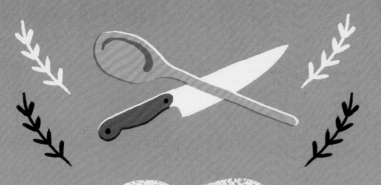

SO GEHT'S
KOCHEN FÜR EINE GROSSE GRUPPE

TEXT CAROLINE BUIJS

1.

DU BRAUCHST: AUF JEDEN FALL EINEN LANGEN TISCH. DU KANNST AUCH EINE STABILE PLATTE ZWISCHEN ZWEI TISCHE LEGEN, DAS ERGIBT EINE SCHÖNE LANGE TAFEL. GROSSE TISCHE KANN MAN ABER AUCH MIETEN, GENAUSO WIE GESCHIRR, STÜHLE, BESTECK UND GLÄSER. WOBEI DIES EINE GUTE GELEGENHEIT IST, DAS PORZELLAN, DAS DU VON DEINER OMA GEERBT HAST, WIEDER EINMAL AUS DEM SCHRANK ZU HOLEN (ODER AUF DEM FLOHMARKT NACH ALTEM GESCHIRR ZU STÖBERN). UND BESORGE DIR SCHÖNE TISCHDECKEN, SO SIEHT ZUM BEISPIEL VINTAGE-BETTWÄSCHE (NATÜRLICH GEWASCHEN UND GEBÜGELT) ALS TISCHWÄSCHE FANTASTISCH AUS. ODER EIN PAAR SCHÖNE METER STOFF.

3.

WÄHREND DES ESSENS SOLLTEST DU SO WENIG WIE MÖGLICH IN DER KÜCHE STEHEN MÜSSEN. DESHALB IST EINE GUTE VORBEREITUNG WICHTIG. NIMM DIR EINEN GANZEN TAG (ODER AUCH ZWEI TAGE) DAFÜR ZEIT UND BITTE FREUNDE UM HILFE.

2.

MACHE DIR VORHER GEDANKEN ÜBER DIE SITZORDNUNG. LÄSST DU DIE GÄSTE IHRE PLÄTZE SELBST AUSSUCHEN? ODER GESTALTEST DU TISCHKARTEN?

4

WAS SERVIERST DU? SUPPE IST IMMER GUT. SIE EIGNET SICH GUT ALS VORSPEISE UND KANN AM VORTAG GEKOCHT WERDEN. WÄHLE ALS HAUPTGERICHT ETWAS, DAS DU KURZ VOR DEM ESSEN NUR NOCH ERHITZEN MUSST, ZUM BEISPIEL EIN SCHMORGERICHT. GANZ SIMPEL DAZU: PASTA (MIT PESTO UND PARMESAN) ODER COUSCOUS (IN BOUILLON AUSQUELLEN LASSEN). GEMÜSE AUF DEM TISCH SIEHT IMMER FESTLICH AUS: SALATE (DRESSING ERST KURZ VOR DEM SERVIEREN HINZUGEBEN) UND RATATOUILLE (LÄSST SICH GUT VORBEREITEN). KUCHEN ODER OBSTTELLER UND EIS ALS DESSERT MACHEN ES DIR LEICHT - UND SIND LECKER. DANACH NATÜRLICH KAFFEE ODER TEE. WENN DU EINEN COGNAC ODER LIKÖR DAZU REICHST, BLEIBEN DEINE GÄSTE NOCH GEMÜTLICH SITZEN.

5

STELLE FÜR JE SECHS GÄSTE DREI ODER VIER SCHÜSSELN MIT FLEISCH/FISCH, GEMÜSE/ SALAT UND PASTA AUF DEN TISCH. RECHNE UNGEFÄHR FOLGENDE MENGEN: FLEISCH UND FISCH 150g PRO PERSON (IN EINEM SCHMORTOPF 100g P.P.), SALAT/GEMÜSE 200g P.P., PASTA 100g P.P. STELLE ETWA ALLE 50 ZENTIMETER EINE FLASCHE WEIN AUF DEN TISCH UND TAUSCHE LEERE FLASCHEN GEGEN VOLLE FLASCHEN AUS (EINE FLASCHE REICHT FÜR UNGEFÄHR 5 GLÄSER). WASSER KANNST DU IN KARAFFEN AUF DEN TISCH STELLEN.

6.

WECHSLE MEHRMALS AN DEM ABEND DEINEN PLATZ. WENN DU DAS DEINEN GÄSTEN VORMACHST, TUN SIE ES AUCH. SO HAT MAN IMMER NEUE GESPRÄCHSPARTNER. GUT FÜR DIE STIMMUNG: IN EINEM PASSENDEN MOMENT WÄHREND DES MENÜS AUFSTEHEN UND FREUNDEN UND VERWANDTEN MIT EIN PAAR LIEBEN WORTEN DANKEN.

ILLUSTRATION RUBY TAYLOR

Atelier im GRÜNEN

Herrlich: ein Gartenhaus am Stadtrand. In das man sich zurückziehen und wo man in der Erde wühlen kann. Die Illustratorin Anja Mulder hat so einen Ort, an dem sie sich inspirieren lässt – und an dem sich Arbeit nicht wie Arbeit anfühlt

„Wenn man durchs Internet klickt,
entdeckt man überall Seelenverwandte.
Manche Dinge entstehen offenbar
aus einem kollektiven Unterbewusstsein"

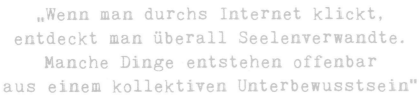

„Normalerweise mache ich meine Illustrationen zu Hause. Ich komme also eigentlich nicht bewusst in den Garten, um zu zeichnen oder zu fotografieren – es geschieht einfach ganz von selbst", erzählt Anja Mulder (35) in ihrem sonnendurchfluteten Gartenhaus in einer ökologischen Kleingartenanlage am Rande von Groningen. Begleitet wird sie oft von ihrem zehnjährigen Sohn Berend.

„Die Natur inspiriert mich, und dieser Ort lädt dazu ein. Vielleicht deswegen, weil das Holzhäuschen von Berends Opa, einem Kunstmaler, als Atelier gebaut wurde. Er hat es eigenhändig gezimmert und insbesondere darauf geachtet, dass überall das Licht gut einfällt. Ich habe das Gartenhaus von ihm übernommen. Er war sehr froh, dass es in der Familie bleibt. Mit Berend wohne ich in der Stadt in einer Wohnung im ersten Stock, aber ich finde es herrlich, hier draußen zu sein und mich im Garten zu beschäftigen. Ich will nicht, dass Berend vollkommen als Stadtkind aufwächst. Eine Viertelstunde mit dem Rad, und schon sind wir draußen: mitten im Grünen, an einem großen See. Jeder hat hier sein eigenes kleines Universum. Die Regeln sind hier auch nicht besonders streng, man darf keine Pflanzenschutzmittel verwenden und keine Partys feiern, das ist es aber schon.

In letzter Zeit kommen immer mehr Leute meines Alters dazu. Das ist schön, denn so wird es etwas bunter. Wir haben inzwischen einen guten Altersmix. Die Älteren halten ihren Garten in der Regel sehr ordentlich und gepflegt, da darf nicht das kleinste bisschen Unkraut zu sehen sein. Bei uns Jüngeren geht's etwas entspannter zu. Früher gab es hier fast ausschließlich Gemüsebeete, inzwischen geht es auch um Erholung und die Freude daran, draußen zu sein. Wir haben hier ganz bewusst kein WLAN und weder PC noch Laptop. Ich bin an jedem freien Tag hier, denn es gibt immer etwas zu tun: Unkraut jäten, Reparaturen, Anstricharbeiten …

Für mich macht dies auch den Charme eines Gartens aus. Mir ist aufgefallen, dass manche Leute voller Begeisterung einen Kleingarten pachten, ihn dann aber doch kaum nutzen, weil sie wegen Beruf und Familie gar keine Zeit dafür haben. Dann ist der Garten Last anstatt Lust und wird nach einem oder zwei Jahren wieder aufgegeben. Bei mir passt aber alles, ich bin hier wirklich sehr glücklich."

FAST WIE EIN MÖNCH

„Ich habe Grafikdesign an der Kunstakademie in Groningen studiert, davor habe ich eine Pädagogikausbildung gemacht. Neben meiner kreativen Arbeit bin ich auch heute noch mehrere Tage pro Woche in der Kinderklinik des Medizinischen Zentrums der Universitätskliniken Groningen tätig. Dort bereite ich Kinder auf Operationen und Untersuchungen vor, wenn sie sehr große Angst haben. Diese Arbeit ist etwas ganz anderes als das Illustrieren und Fotografieren. Es ist aber nicht so, dass ich mit der einen Sache mein Geld verdiene und das andere zum Vergnügen mache. Ich betrachte beides als meine Arbeit – und ich nehme das eine genauso ernst wie das andere. Mir gefällt die Kombination halt auch sehr gut: Im Krankenhaus geht es um die Psyche, bei meiner kreativen Arbeit um Schönheit. Ich muss nur immer aufpassen, dass ich nicht nach einem langen Arbeitstag in der Klinik noch bis ein Uhr nachts am Schreibtisch sitze und illustriere, weil ich sehr gerne abends und nachts zeichne. Die Stille tut mir gut, ich fühle mich dann fast wie ein Mönch bei der Arbeit. ➥

1. „Mein Gartenhaus und die Natur sorgen dafür, dass ich Abstand vom Alltag gewinne. Dann habe ich mehr Platz im Kopf für Ideen"

2. „Meine Zeichnungen mache ich meistens auf leeren Blättern, die ich aus alten Büchern reiße. Die Bücher sind manchmal mehr als 60 Jahre alt. Die Seiten haben dann von Anfang an viel mehr Charakter"

3. „Inspiration bekomme ich häufig aus alten Naturbüchern. Auch botanische Drucke inspirieren mich. Der grafische Charakter, die Darstellung mit einfachen Linien entspricht im Grunde meiner Arbeit. Außerdem orientiere ich mich oft an Typografie und Buchstaben. Im Urlaub mache ich gern Fotos von Buchstaben, die ich zum Beispiel auf Werbeschildern sehe"

4. „Per Post Krimskrams und Arbeiten mit anderen Künstlern tauschen, das mache ich gern. Deshalb ist meine Wand auch voll mit ganz besonderen Arbeiten. Der Kick steckt im Überraschungseffekt. Dies ist ein Umschlag (mit meiner alten Adresse), gestaltet von Philippe Derik, einem französischen Graffitikünstler"

5. „Der Tisch, an dem ich zeichne und Fotos bearbeite. Er steht im Wohnzimmer"

6. „Diese Scholle habe ich auf die leeren Seiten eines alten Buches gezeichnet"

7. „Dieses alte Regal ist ideal, es stammt aus einer Schule. Man kann so viel Zeug darin unterbringen, und es sieht trotzdem dekorativ aus"

> „Ich finde es einfach total entspannend,
> Dinge schön zu arrangieren.
> Manche machen Yoga, ich mache eben das"

1. „Im Sommer steht alles in voller Blüte, leider dauert das immer nur wenige Wochen. Das hier ist eine Sammlung von Erinnerungen daran, die ich auf einem Foto festgehalten habe"

2. „Ein Bild mit Blumen und ihrer jeweiligen Symbolik, das ich für eine amerikanische Zeitschrift entworfen habe"

Mein Blog dient gleichzeitig als meine Arbeitsmappe, dort zeige ich die Bilder, die mir besonders gut gefallen. Zum Beispiel meine Fotokompositionen: Ich arrangiere verschiedene Gegenstände, die ich schön finde – so lange, bis mir das Gesamtbild gefällt. Das Ganze fotografiere ich dann von oben. In meinem Webshop kann man einige Fotos als Abzug auf Papier oder Holz kaufen, auch ein kleiner Laden in der Stadt namens Walnut Mixstore verkauft meine Bilder. Die Fotos von meinen kleinen Sammlungen entstehen meistens so zwischendurch, ich finde es einfach total entspannend, Dinge schön zu arrangieren. Manche machen Yoga, ich mache eben das. Und mein Gartenhaus ist der ideale Ort dafür. Über mein Blog erhalte ich auch manchmal Arbeitsaufträge, meist dann, wenn ich es gar nicht erwarte. Zum Beispiel erhielt ich den Auftrag, auf zwei Festivals etwas Ähnliches zu machen. Da habe ich die Leute Sachen aus ihren Hosentaschen oder ihrem Rucksack zu einem schönen Bild arrangieren lassen. Die Fotos, die ich davon gemacht habe, konnten sie dann als Erinnerung ausdrucken."

OB GRONINGEN ODER LOS ANGELES

„Durch mein Blog komme ich mit Designern und Künstlern aus der ganzen Welt in Kontakt. Wir tauschen regelmäßig Arbeiten aus, schicken Überraschungspakete hin und her. Dadurch haben sich schon viele schöne Dinge in meinem Haus angesammelt. Vor einigen Jahren habe ich auf diese Weise Nathan Williams kennengelernt, den Gründer der amerikanischen Zeitschrift *Kinfolk,* und irgendwann bat er mich, Illustrationen für sein Magazin zu machen. Inzwischen werde ich sogar von Leuten aus den USA beauftragt, Menükarten, Hochzeitskarten und Geburtsanzeigen zu entwerfen. Auch von *Frankie,* einer tollen australischen Zeitschrift, habe ich durch mein Blog Aufträge bekommen.

Heutzutage ist es eigentlich vollkommen egal, wo man wohnt und arbeitet, ob es nun Los Angeles, Sydney oder Groningen ist. Wenn man durchs Internet klickt, entdeckt man überall Seelenverwandte. Leute am anderen Ende der Welt machen etwas Ähnliches wie du selbst, ohne dass man sich kennt – manche Dinge entstehen offenbar aus einem kollektiven Unterbewusstsein im gleichen Moment an ganz verschiedenen Orten. Noch viel wunderbarer ist es, wenn man dann auch noch zueinanderfindet. Ein Traum von mir ist, alle meine Arbeiten in einem Buch zu veröffentlichen. Die Zeichnungen und Fotos würden sich dafür sehr gut eignen, weil es meistens Serien sind. Wer weiß, vielleicht wird das ja bald wahr." ●

....

✱ Anjas Blog: anmulder.blogspot.nl
✱ Anjas Webshop:
  deblauwebeer.bigcartel.com

....

TEXT **CHRIS MUYRES** FOTO **CAROLINE COEHORST**

SIMPLIFY YOUR LIFE

SiMPLIFY YOUR LIFE

Glück kann man nicht kaufen.
Aber Tee – und das ist in etwa
das Gleiche.

Hayley Gosling, Eigentümerin des Cafés The Window Coffee in Norwich, England,
auf Instagram (thewindowcoffee)

SIMPLIFY YOUR LIFE

Es muss gar nicht so kompliziert sein

Entspann dich

Abschalten auf Knopfdruck? Einfach den Song *Weightless* der Band Marconi Union einschalten. Das ist laut einer wissenschaftlichen Studie das entspannendste Lied der Welt. Auch unter den Top Ten: Coldplays *Strawberry Swing* und All Saints' *Pure Shores.*

Vintage-Schätze

Wir lieben Dinge mit Geschichte. Hier sind drei gute Adressen, wo sich das Stöbern lohnt: **zouzouvintage.de** Sorgfältig ausgesuchte Teile – vom Häkel-shopper aus den Siebzigern über knallige Achtziger-Boots bis zum Bodycon-Kleid aus den Neunzigern. **adieu-mon-amour** Wie schön das glitzert: In diesem Dawanda-Shop gibt es eine Auswahl von bezaubernden Vintage-Schmuck-stücken. Und das auch noch zu ziemlich guten Preisen. **myvintagewedding.ch** Toll für alle, die gern in Omas besticktem Hochzeitskleid heiraten würden, aber leider keines geerbt haben.

Eine kleine DIY-Kiste

Es ist ja so: Für viele Selbermach-projekte fehlen uns leider Zeit und Know-how. Weil es aber unheim-lich viel Spaß macht, Dinge selber zu machen, haben Amber Riedl und Axel Heinz Makerist gegrün-det, eine Art Handarbeitsschule im Internet. In aufwendig produ-zierten Videokursen erklären die beiden Schritt für Schritt, wie man Taschen, Oberteile oder Kuschel-tiere herstellt. Neuerdings gibt es die Anleitungen auch als E-Book. Und wenn das nächste Hand-arbeitsgeschäft zu weit weg ist, kann das Material bestellt werden. In der hübschen Box findet sich dann alles, zum Beispiel für das Meerschweinchen „Schmittchen" (im Bild) – unser Favorit auf makerist.de. Kosten: 23,90 Euro

Alles in Reichweite

Umzugskiste, Grill, Discokugel, Gugelhupfform – es gibt so vieles, was man eigentlich nur ganz selten braucht. Da ist es doch nur naheliegend, das alles zu tauschen, statt zu kaufen. Die Sharing-Community pumpipumpe.ch hilft dabei: Dort kann man kostenlos schicke Aufkleber bestellen, mit denen man den Nachbarn signalisiert, was man alles verleihen kann. Das lohnt sich auch des-halb, weil es eine gute Möglichkeit ist, Menschen aus dem eigenen Viertel besser kennenzulernen. Und noch was: Die Aufkleber auf Türen und Briefkästen sehen schick aus – haben sogar den Bundespreis Ecodesign gewonnen.

So viel Zeit muss sein

Der Titel *Das Zeitsparbuch* ist nicht ganz ernst gemeint. Es geht nicht darum, sich Zeit abzuknapsen. Im Gegenteil: Das Buch soll anregen, innezuhalten und über den eigenen Umgang mit Zeit nachzudenken. Das gelingt schon deshalb, weil es so schön gestaltet ist, dass man es nicht mehr aus der Hand legen möchte. Seine Gedanken kann man in einen immerwährenden Wochenkalender eintragen, in Essays erkunden Autoren zudem die Kulturgeschichte der Zeit, von der Erfindung der Uhr bis zur Kunst, Pausen zu machen. Herausgeber ist das Museum für Kommunikation in Frankfurt. Verlag Hermann Schmidt Mainz, 24,80 Euro

Bei Anruf: Natur

Schöne Möglichkeit, den Klingelton des eigenen Handys überall rauszuhören: Lasse es singen wie eine Nachtigall oder krächzen wie einen Raben. Herunterladen kann man die Naturgeräusche auf naturerings.de. Eine Spende geht an den Naturschutzbund.

Vergiss es!

Ups, wo ist mein Schlüssel? Und warum habe ich schon wieder den Arzttermin verschlurt? Endlich haben Wissenschaftler herausgefunden, woran das liegt: Die Gene sind schuld! Wer eine bestimmte Variante des Gens DRD2 hat, berichten Bonner Psychologen, lässt sich leichter ablenken und ist entsprechend vergesslicher. Ihr Tipp: Mehr Post-its verwenden!

Einfach malerisch

Es passiert was in der Campinglandschaft, wir kommen weg von Tarnfarben! Die Zelte von Field Candy sind fröhlich-bunt wie Bonbons, und auf dem nächsten Festival findet man sie sofort wieder. 400 Euro, über coolstuff.de

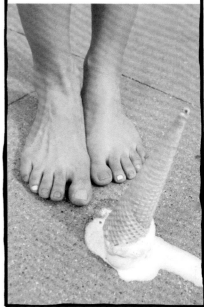

STERNCHEN-GIRLANDE

Diese Sternchen heißen „Lucky Stars". Weil sie Glück bringen, wenn man sie verschenkt. Und sie eignen sich auch ausgezeichnet für eine Girlande!

TEXT & FOTO ANLEITUNG **ELLEN NIJ BIJVANK** FOTO LINKS **CAROLINE COEHORST** STYLING **ANNE-MARIE REM**

1 Schneide einen Streifen Papier von ca. 1 cm Breite und 20 cm Länge aus (größer geht natürlich auch, dabei das Verhältnis von Breite zu Länge aber in etwa beibehalten).

2 Mache zunächst einen lockeren Knoten in den Papierstreifen und schiebe den Knoten dann so weit wie möglich zu einer Seite hin.

3 Ziehe vorsichtig an dem kurzen Ende, sodass der Knoten immer enger wird und die Kanten exakt aufeinanderliegen. Wenn der Knoten perfekt sitzt, drücke ihn platt.

4 Falte das noch überstehende kurze Ende des Streifens nach hinten um. Vielleicht musst du ein Stückchen abschneiden, damit es nirgends mehr übersteht. Jetzt siehst du schon die Form eines Fünfecks.

5 Falte nun das lange Ende des Streifens jeweils an der gegenüberliegenden Kante entlang um das Fünfeck herum, bis nur noch ein kurzes Stückchen übrig ist.

6 Falte das übrig gebliebene Ende nach innen und stecke es in den kleinen Schlitz. Vielleicht musst du das Ende erst ein Stückchen abschneiden, damit es hineinpasst.

7 Nun hast du ein flaches Fünfeck.

8 Um aus dem Fünfeck einen Stern zu machen, hältst du das Fünfeck an den Spitzen zwischen Daumen und Zeigefinger fest und drückst mit dem Daumennagel der anderen Hand jede der fünf Kanten in der Mitte ein.

9 Bei jedem Knick, den du mit deinem Daumennagel eindrückst, wölben sich die untere und die obere Fläche des Fünfecks etwas mehr nach außen. Das Sternchen ist fertig.

10 + 11 Fädele die Sternchen mithilfe einer spitzen Nadel auf eine hübsche Schnur. Fertig ist die Girlande. ●

SCHREIBST DU MIR?

Früher gehörte das Verschicken von Ansichtskarten zum Urlaub wie der Geruch von Sonnenmilch. Heute machen wir das nur noch selten – obwohl es so schön ist, eine Karte im Briefkasten zu finden. Und auch: sie zu schreiben. Plädoyer eines großen Ansichtskartenfans dafür, die Tradition wieder aufleben zu lassen

Eine vergilbte Karte aus den 70er-Jahren mit einem Bouillabaisse-Rezept für meine Freunde, die gern kochen. Ein lachender alter Bauer für meine Großmutter. Strahlend blauer Himmel für meine Eltern. Ein eigenartiges Kunstwerk auf einem spanischen Dorfplatz für den Kunstliebhaber. Eine von Mäusen angenagte Karte, die ich aus einem staubigen Karton geangelt habe, für die Schwägerin mit Schmutzallergie. Ein beträchtlicher Teil des Vergnügens, eine Ansichtskarte zu verschicken, besteht im Aussuchen des richtigen Motivs. Auch das gemeinsame Schreiben am Campingtisch gehört dazu. Eine Urlaubskarte ist so viel mehr als nur eine kurze Nachricht. Es ist doch eigentlich verwunderlich, dass sie – die in vielen Familien sehr lange eine feste Tradition hatte – so schnell von SMS und E-Mail abgelöst wurde.

Sehr schade findet das auch Leone Eltink (45), die immer noch leidenschaftlich gern Karten schreibt und verschickt. „Es mag für andere ein Spleen sein, aber ich glaube, das Verschicken von Ansichtskarten wurde mir schon in die Wiege gelegt. Meine Mutter hatte immer großen Spaß daran, und meine Töchter Digna und Inez machen es

auch total gern. Wenn wir während des Urlaubs zum Beispiel durch ein kleines Dörfchen schlendern, dann bleiben wir an jedem Kartenständer hängen – wir könnten ja ein lustiges Motiv finden. Meinen Mann nervt das manchmal ein bisschen, aber er versucht immer, gelassen zu bleiben. Diese Kartenständer eignen sich übrigens auch sehr gut dazu, sich einen schnellen Überblick über die Sehenswürdigkeiten der Umgebung zu verschaffen, das ist praktisch. Manchmal entdeckt man auf diese Art sogar eine schöne kleine Bucht."

FAST SCHON MEDITATIV
In der ersten Hälfte des vorigen Jahrhunderts wurden Ansichtskarten vor allem verschickt, um zu zeigen, an welchen besonderen Ort man gereist und wie schön es dort war. Bis 1905 konnte man nicht mal etwas schreiben, auf der Rückseite hatte die Adresse zu stehen, auf der Vorderseite war das Bild. Heute ist das Präsentieren des Urlaubsorts eher Nebensache, blaues Meer, blauer Himmel, das ist weder besonders interessant noch originell. Viele Menschen suchen ihre Karten nach ganz anderen Kriterien aus. Genau wie Leone: „Am schönsten ist es, auf Trödelmärkten die ➤➤

„Ich habe schon mal eine Karte an meinen Mann geschickt, während wir gemeinsam im Urlaub waren"

Kisten mit alten Ansichtskarten zu durchstöbern. Ich kaufe auch immer viel mehr, als ich letztendlich verschicke – ich versuche ständig, für jede Person aus meinem Adressbuch eine passende Karte zu finden. Mit dem Schreiben kann ich mich dann den halben Tag beschäftigen. Auf die Schnelle einen kurzen Text runterleiern, das ist nichts für mich. Ich mache mir Gedanken, was ich dieser bestimmten Person zu dem Moment an dem Ort, an dem ich gerade bin, erzählen möchte. Ich habe auch schon mal eine Karte an meinen Mann geschickt, während wir zusammen im Urlaub waren. Er musste lachen, als er sie später zu Hause in der Post fand."

Echte Postliebhaber verschicken übrigens Ansichtskarten nicht nur, um dem Empfänger eine Freude zu machen, sondern auch aus Freude am Schreiben. Während des Urlaubs sorgt das für einen Moment der Reflexion, und es hilft, all die neuen Eindrücke zu verarbeiten. Das Schreiben sorgt zwischendurch für eine kleine Pause. Sobald man sich in aller Ruhe mit einem

Stift in der Hand zurückzieht, kommen die eigenen Gedanken wieder ins Gleichgewicht. „Wenn ich höre, dass überlegt wird, Kindern in der Schule das Tippen beizubringen und dem Schreiben mit der Hand weniger Aufmerksamkeit zu schenken, finde ich das schade. Mit einem Stift auf Papier zu schreiben, das ist ein ganz anderes Erlebnis. Durch das Schreiben mit der Hand ordnen wir unsere Gedanken und kommen auf andere Ideen. Der Vorgang löst etwas in uns aus, und das ist auf eine gewisse Weise meditativ", sagt Leone.

DU RIECHST DAS MEER

So schnell wie die Postkarte im 19. Jahrhundert aufkam, so schnell scheint sie jetzt leider wieder zu verschwinden. Am 1. Oktober 1869 wurde die erste offizielle sogenannte Correspondenzkarte in Österreich-Ungarn eingeführt: eine Blankokarte mit aufgedruckter Briefmarke. Ein Jahr später gab es die Karten auch in Deutschland, und ab 1871 verkaufte die Post die ersten Ansichtskarten. Es dauerte aber noch rund 15 Jahre, bis sie richtig populär

wurde und das Sammeln von schönen Motiven zu einem beliebten Hobby.

Was Leone auch sehr gut gefällt am Verschicken von Urlaubskarten: Man weiß nie, wie lange sie unterwegs sind – aber wir alle wissen, das kann dauern! Leone: „Es kommt schon mal vor, dass ich eine Freundin besuche, und sie zeigt mir eine Postkarte, die ich vor über einem Monat verschickt habe und die gerade erst angekommen ist. Das gefällt mir. Ich mag Dinge, die sich ihre Zeit nehmen, die unvorhersehbar sind. Wenn so eine Karte ankommt, dann erlebt man alles noch einmal. Dann sehe ich den Briefkasten wieder vor mir, dort, in dem kleinen Dörfchen, in dem ich die Karte eingesteckt habe. Ich stelle mir vor, wie ein alter Postbote auf einem Mofa den Dorfbriefkasten leert und den Inhalt auf seinem Schreibtisch auskippt. Dann denkt er: ‚Ahh, eine Urlaubskarte. Die ist bestimmt von der Familie, die vorgestern Briefmarken gekauft hat. Mensch, die haben aber viel geschrieben, eine ganze Geschichte. Was da wohl steht? So viel gibt es hier doch gar nicht zu erleben?' Danach steckt er die Karte in das Fach ‚Internationale Post', und die Reise geht weiter – bis jemand sie irgendwann auf eine hiesige Türmatte wirft."

Die Atmosphäre eines Urlaubs reist mit einer Karte mit, bleibt mit ihr verbunden. Manchmal kann man sogar noch das Meer oder die Pinien des Ortes, aus dem die Karte kommt, riechen. Oft ist auf dem Bild die Schrift von der Rückseite zu erkennen, die sich durchgedrückt hat. Eine Nachricht von jemandem aus weiter Ferne, der dir mitteilen will, dass er dort an dich gedacht hat. Was gibt es Schöneres? ●

TEXT **CHRIS MUYRES** FOTO **PLAINPICTURE, JENNA ARDELL, LISA BARBERO, RAW ART LETTERPRESS**

DRAUSSEN SEIN, EINFACH LEBEN

Wer kennt das nicht: Nach einem Spaziergang durch Wald und Wiesen scheinen Probleme plötzlich geschrumpft zu sein. Und nach einem Urlaub am Meer fühlt sich oft sogar das ganze Leben einfacher an. Wie kommt es, dass die Natur eine derart beruhigende und heilsame Wirkung auf uns hat?

„Ich habe etwas Verrücktes entdeckt: Jedes Mal, wenn ich mit einem Gelehrten spreche, bin ich mir danach sicher, dass es Glück nicht gibt. Doch wenn ich mit meinem Gärtner rede, bin ich vom Gegenteil überzeugt", sagte einst der Philosoph Bertrand Russell (1872–1970). Kann es sein, dass der Schlüssel zu Glück und Gesundheit direkt vor unserer Nase liegt, stets so zum Greifen nah, dass wir ihn gar nicht recht bemerken? Schon Hippokrates, der Begründer der Medizin als Wissenschaft, hat seinerzeit betont: „Es ist die Natur, die Kranke heilt." Der griechische Arzt war außerdem davon überzeugt, dass Spazierengehen die beste Medizin ist. Dass diese über 2000 Jahre alten Weisheiten noch immer gelten, wissen wir intuitiv alle. Die Erkenntnis, dass es guttut, regelmäßig in der Natur zu sein, ist tief in unserer Seele verankert. Ein interessanter Beweis dafür ist der 12. September 2001, der Tag nach den Anschlägen auf das World Trade Center in New York. Amerikanischen Förstern und Wildhütern fiel damals auf, dass ungewöhnlich viele Menschen die Nationalparks besuchten. Sie versuchten, den tiefen Schock in der tröstenden Umgebung von Wäldern und Wildnis zu verarbeiten.

Dass die Natur sich heilsam auf unsere Psyche auswirkt, wissen Menschen also seit Jahrhunderten. Doch erst seit den 80er-Jahren forschen Psychologen zum Thema. Und seit etwa 15 Jahren nimmt die Sparte Naturpsychologie ernsthaft Gestalt an. Reichlich spät eigentlich, denn alles scheint darauf hinzuweisen, dass eine regelmäßige Dosis Draußensein gegen Wohlstands-

krankheiten wie Stress oder Konzentrationsstörungen hilft. Der amerikanische Autor Richard Louv hat in seinem bahnbrechenden Buch *Das letzte Kind im Wald* dargelegt, dass die Natur bei Kindern Verhaltensprobleme wie ADHS oder Aggressionen lindern kann. Und auch Erwachsene beruhigen sich in der Natur: Wir nehmen Probleme leichter, werden widerstandsfähiger, Stress fällt von uns ab. Mehrere Studien haben gezeigt, dass Menschen, die im Grünen oder in der Stadt in der Nähe eines Parks wohnen, sich wesentlich gesünder und gelassener fühlen als solche, die in einer komplett urbanen Umgebung leben.

WIE SCHAFFT DIE NATUR DAS NUR?

In Deutschland ist der Natursoziologe Rainer Brämer von der Universität Marburg einer der führenden Forscher, wenn es um die Frage geht, wie Natur und Psyche zusammenwirken. Brämer ergründet seit den Neunzigern, warum wir uns draußen so wohlfühlen, und hat zahlreiche Studien über die Wirkung des Wanderns durchgeführt. Immer wieder weist er darauf hin, dass eine grüne Umgebung dazu führt, dass Menschen sich wohler und gesünder fühlen. Und noch mehr: Die Natur stellt die innere Ruhe des Menschen wieder her, macht uns froh, ausgeglichen und sogar kreativ. Das haben zuerst die beiden Psychologieprofessoren Rachel und Stephen Kaplan von der Universität Michigan festgestellt. In einer Längsschnittuntersuchung, die über 20 Jahre lief, haben sie Menschen befragt, wie es auf ihr Leben und ihre Seele wirkt, wenn sie sich draußen in der Natur aufhalten. Sie bekamen ➤➤

„In der Natur ist nichts
perfekt und alles perfekt.
Bäume können verformt sein,
ungewöhnlich verdreht,
und doch sind sie einfach
immer schön"

**Alice Walker, afroamerikanische Autorin
und Feministin**

immer wieder die Antwort, dass Spaziergänge in der Natur kreativ machen und ein positives, optimistisches Gefühl hinterlassen. Aber wieso haben Landschaft, Sonne, Wind und Bäume eigentlich eine so starke Wirkung auf unsere Psyche?

Die wichtigste Theorie dazu ist derzeit die Attention Restoration Theory (ART), die ebenfalls von Kaplan und Kaplan entwickelt wurde. Sie besagt, dass der Mensch sich vor allem deshalb draußen so wohlfühlt, weil er sich über Millionen Jahre in dieser natürlichen Umgebung entwickelt hat und letztlich daran gewöhnt ist, die Natur zu betrachten und wahrzunehmen. Dabei müssen wir uns gar nicht besonders anstrengen, unsere Aufmerksamkeit wird quasi automatisch von den Reizen der Landschaft gelenkt. Man nennt das „soft fascination", was übersetzt etwa so viel heißt wie „sanfte Anregung". Diese mühelose, leichte Konzentration lässt uns mental sehr gut zur Ruhe kommen. Pessimistische Gedanken werden nach und nach blockiert, negative Emotionen werden immer stärker durch positive ersetzt.

In der Natur werden unserem Gehirn also angenehme, anregende Reize geboten, die es sehr gut verarbeiten kann. Dieser Gedanke wird von zahlreichen Studien unterstützt, die zeigen, dass Menschen nach einer Wanderung mental fitter und konzentrierter sind und etwa Gedächtnisaufgaben besser lösen können. Es gibt darüber hinaus immer mehr wissenschaftliche Studien – darunter eine neue der Harvard-Universität –, die belegen, dass die beruhigende Wirkung der Natur mit der besonderen Struktur von Pflanzen und Bäumen, Schneeflocken und Wolken zusammenhängt. Die Natur ist nämlich in einer Weise aufgebaut, die man als fraktal bezeichnet, das heißt, sie enthält Muster, die sich immer wieder bis in die kleinsten Teile wiederholen. Ein simples Beispiel für ein Fraktal ist ein Blumenkohl, der aus vielen kleineren Blumenkohlröschen aufgebaut ist, die wiederum aus noch kleineren baugleichen Strukturen zusammengesetzt sind – und immer so weiter. Auch jeder Zweig eines Baumes ist im Grunde der kleine Bruder des Astes, an dem er wächst. Und jede Schneeflocke zerfällt unter dem Mikroskop betrachtet in Tausende kleine Flocken. Unser Gehirn ist perfekt abgestimmt auf solche natürlichen Fraktale, kann sie gut erkennen und leicht aufnehmen. Die Information wird letztlich „fließend" verarbeitet, es kommt zu einem angenehmen, entspannten Gefühl. Das System für gerichtete Aufmerksamkeit, das uns häufig sehr viel Kraft raubt, kommt auf diese Weise zur Ruhe. Anregend sind die fraktal organisierten Landschaften trotzdem, ob sie in der Weite eines Sandstrandes auftreten oder in der Textur von Berg- und Felslandschaften.

DIE NATUR UND DIE ACHTSAMKEIT

Eine Naturerfahrung und eine Achtsamkeitsmeditation sind natürlich nicht dasselbe. Es sieht aber so aus, als wäre die Veränderung des Bewusstseinszustands in beiden Fällen ähnlich – im Gehirn spielen sich jedenfalls identische Prozesse ab. Die niederländische Ökopsychologin Agnes van den Berg von der Universität Groningen sieht diese Verbindung deutlich. Sie nennt Aspekte der Natur, die ihrem Erachten nach die Achtsamkeit fördern: Zum einen fokussiert die Umgebung unsere Aufmerksamkeit, weil sie uns nicht zum Handeln auffordert, sondern nur zur Wahrnehmung. Zum anderen findet die Expertin es meditativ, dass die Natur einfach nur da ist und das Blühen einer Blume und das Rauschen des Meeres keinen offensichtlichen Zweck verfolgen. Das spendet Trost, kann Ruhe und Sinn geben. Um es mit Nietzsche zu sagen: „Wir sind so gern in der freien Natur, weil sie keine Meinung über uns hat." Agnes van den Berg: „In einem Experiment haben wir die heilende Kraft der Natur mittlerweile auch objektiv nachgewiesen. Wir haben bei Spaziergängern den Kortisolgehalt im Speichel gemessen, der ein guter Indikator für das Stressniveau einer Person ist. Das Ergebnis entsprach den Erwartungen:

„Auf jedem Spaziergang in der Natur bekommen wir viel mehr zurück, als wir suchen"

John Muir, schottischer Schriftsteller und Naturschützer (1838–1914)

impressionen sind der Autorin wichtig, wenn sie an den Stränden und in den Wäldern ihrer Wahlheimat Kalifornien umherschweift. Der Einfluss der Natur ist für Funke universeller: „Ich glaube, dass nichts uns mehr inspiriert und Kraft gibt als die Natur." Auch deshalb engagiert sich die Schriftstellerin im Umweltschutz.

Der Schauspieler Daniel Brühl, der in Berlin lebt und beruflich viel in Großstädten unterwegs ist, liebt es, so viel Zeit wie möglich in der Natur zu verbringen. Er wandert, am liebsten in den Bergen Tirols. Er sagt: „Diese Ruhe in den Bergen ist toll. Sie schärft meine Sinne. Es ist etwas ganz Elementares, das da einsetzt: Die Augen gewöhnen sich plötzlich wieder an andere Räume, andere Weiten. Das tut auch dem Kopf gut. Und diese feine Stille. Da wird das Hören wieder spannend." Wie Brühl zur Liebe für die Berge gekommen ist? Sein Vater ist Wanderfan, hat ihn früh auf Alpentouren mitgenommen. Ganz anders geht es dem Musiker und Schauspieler Axel Prahl, der vor allem durch seine Rolle als *Tatort*-Kommissar bekannt ist. Er schwärmt von der beruhigenden Wirkung von Küste und Meer. Er sei an der Ostsee aufgewachsen und fühle sich am Meer „irgendwie getröstet, weil das Meer so groß und ewig ist". Auch wenn er nicht gern große Worte darüber verliert, seine Liebe zum Meer geht so weit, dass er sogar sein letztes Album *Blick aufs Mehr* genannt und lauter Songs mit maritim klingenden Titeln aufgenommen hat.

Natur senkt den Kortisolgehalt im Speichel und somit den Stress nicht nur gefühlsmäßig, sondern auch auf einer messbaren hormonellen Ebene." Kontakt mit der Natur wirkt sich also letztlich auf drei Ebenen aus: Erstens kommt man in eine bessere Stimmung. Zweitens führt er zur besseren Konzentration und Aufmerksamkeit, einem besseren Erinnerungsvermögen und mehr Selbstdisziplin. Und dann ist das Im-Grünen-Sein auch noch gesund: Blutdruck, Herzschlag und die Spannung der Muskeln werden nachweislich gesenkt. All diese Effekte kann man auch nach einer Mindfulness-Meditation beobachten.

LEBEN, DIESES MAL IN GRÜN
Soweit zu Theorie und Wissenschaft. Aber auch wenn man sich im Bekanntenkreis umhört oder guckt, wie Schriftsteller, Musiker oder Schauspieler sich über die Wirkung der Natur äußern, spürt man immer wieder deren besondere Kraft. Die Jugendbuchautorin Cornelia Funke, die unter anderem den Bestseller *Tintenherz* schrieb, sagte etwa neulich in einem Interview, dass sie die Inspiration für die Landschaften und Kulissen meist durch Spaziergänge in der Natur bekommt. Und nicht nur die konkreten Landschafts-

An den Beispielen von Künstlern und Kreativen sieht man, dass die meisten Menschen die Landschaftsform am liebsten mögen, in der sie aufgewachsen sind oder die sie aus Kindheit und Jugend kennen. Studien belegen den Zusammenhang. Ökopsychologin Agnes van den Berg: „Entwickelt man in jungen Jahren eine Liebe für wilde Wälder oder die Nordsee, wird man als Erwachsener nicht plötzlich eine leere Moorlandschaft oder Berge umwerfend finden. Doch welche Form man liebt, sagt auch etwas über die Persönlichkeit. Das kann man gut in Gärten sehen. Menschen, die ein Bedürfnis nach Struktur haben, lieben es auch, ihren Garten mit geordneten Beeten zu gestalten. Andere lassen ihre Grundstücke verwildern. Wer allerdings versucht zu ermitteln, welche Landschaft die effektivste Wirkung auf die Psyche hat, wird zu keinem Ergebnis kommen, denn jede wirkt gleich stark."

WALD STATT VERGNÜGUNGSPARK
Eigentlich ist es seltsam, dass wir alle intuitiv wissen, wie wichtig die Natur für unsere Gesundheit und für die ganze Welt ist, und sie trotzdem so stark vernachlässigen. Der amerikanische Historiker Theodore Roszak (1933–2011) machte sich bereits vor Jahrzehnten ➔

„Sonnenschein ist köstlich,
Regen erfrischt,
der Wind kräftigt,
Schnee erheitert.
So etwas wie schlechtes
Wetter gibt es nicht,
es gibt nur verschiedene
Arten von gutem"

**John Ruskin, britischer Kunstkritiker
und Schriftsteller (1819–1900)**

dafür stark, dass Psychotherapeuten sich nicht nur auf gestörte Familienbeziehungen und andere menschliche Kontakte und Konflikte richten, sondern auch die gestörte Beziehung zur Natur bearbeiten sollten. Wir sind mittlerweile fast komplett „entgrünt" und so weit von der Natur entfernt, dass eine Gegenbewegung irgendwann einfach aufkommen musste – auch wenn es nur langsam vorangeht. Die Trendforscherin Andrea Wiegman sagt dazu: „Wir haben gerade ein Jahrhundert verlassen, in dem wir uns selbst als Menschen über alles erhoben haben. Auch über die Natur. Die Folgen sind spürbar: Wir können dauernd in den Nachrichten hören, dass es um die Gesundheit der Menschen mittlerweile schlecht bestellt ist. Und auch, welche Katastrophen durch Klimaveränderungen verursacht werden. Um diese wirklich ernsten Probleme lösen zu können, werden wir unsere Beziehung zur Natur grundlegend verändern müssen. Es lohnt sich, sie einfach besser kennenzulernen.

Viele Unternehmen und Regierungen sehen es immer noch nicht ein, aber der Umschwung ist spürbar. Immer mehr Menschen merken, das sich etwas verändern muss, wählen immer konsequenter saisonale und lokale Produkte, führen ein nachhaltigeres Leben. Ob Essen, Mode, Interieur, Reisen – überall verschiebt sich der Fokus in Richtung Öko und Nachhaltigkeit. Doch die wirkliche Veränderung kommt von einer Avantgarde junger Menschen, die sich auch inhaltlich mit Nachhaltigkeit beschäftigen, nicht mit PR und Marketing. Deswegen ist heute noch nicht greifbar, wie viel wirklich in Bewegung ist. Es gibt immer mehr Menschen, für die Geld an Bedeutung verliert, die ‚low cost' leben. Sie gehen mit ihren Kindern einen Tag in den Wald statt in den Vergnügungspark. Sie kaufen ausgewählte Kleidung ein, essen bewusster und besser. Weil sie ihr Leben nicht mehr nur auf Karriere und Geld ausrichten, sorgen sie sowieso schon besser für sich selbst und sind automatisch mehr mit der Natur verbunden. Diese neue Lebenshaltung verbreitet sich über Vorbilder, über Mund-zu-Mund-Propaganda, aber auch online, zum Beispiel über Facebook, Twitter und Blogs. Ich denke, dass immer mehr Menschen der Stressgesellschaft etwas entgegensetzen, im Job Stunden reduzieren oder Sabbaticals machen, mit weniger Sachen leben. Auch soziales und ökologisches Unternehmertum wird sich bald lohnen. Es soll dann aber mehr sein als die ideologische Sauce eines Unternehmens, es soll aufrichtig und überzeugend geschehen. Lügen hat keinen Sinn mehr in dieser Welt, Menschen fallen nicht mehr darauf rein. Und wer früher ein Öko oder Spinner war, kann jetzt ein glaubwürdiger Unternehmer sein", so Andrea Wiegman.

TEXT **CHRIS MUYRES, ANNE OTTO** FOTO **CORBIS, PLAINPICTURE**

NATÜRLICH: BILDER VON JACKSON POLLOCK

Auch ohne eine komplett neue Lebenshaltung anzunehmen, kann man von der positiven Wirkung der Natur profitieren. Es ist einfach, kostet nichts und macht Spaß. Laut Studien reicht es vollkommen, sich täglich 15 Minuten nach draußen zu begeben, einen Spaziergang im Park oder im Wald zu machen. Schon dann kann man klarer denken, ist positiver gestimmt, kann über persönliche Probleme oder Lebensfragen besser reflektieren. Natur steigert laut Studien nämlich auch die Motivation, Dinge anzupacken, und das Bedürfnis nach persönlichem Wachstum. Outdoor-Erfahrungen verringern außerdem Sehnsüchte nach Geld und Besitz.

Sogar wenn man Landschaften nur über Bilder oder Filme betrachtet, wird das Gefühl, mit der Natur verbunden zu sein, verstärkt und das subjektive Wohlbefinden vergrößert. In Krankenhäusern brauchen Patienten mit Blick ins Grüne oder mit Pflanzen im Zimmer weniger Schmerzmittel und sie haben weniger Nebenwirkungen wie etwa Kopfschmerzen oder Übelkeit, zeigte unter anderem eine deutsche Studie. Und wer bei der Arbeit Natur um sich hat oder zumindest eine grüne Aussicht vom Bürofenster, ist stressresistenter, entdeckten schwedische Wissenschaftler. Dass fraktale Muster bei dieser Entspannungsreaktion immer wichtig sind und nicht allein die frische Luft wirkt, erklärt, warum auch Gemälde oder Fotos von Landschaften und florale Motive auf Stoffen oder Tapeten beruhigend wirken. Ebenso Kunst mit fraktalen Mustern wie die Bilder der Amerikaners Jackson Pollock und Grafiken von M. C. Escher haben eine solch positive Wirkung. Das alles wollen Forscher in den nächsten Jahren genauer untersuchen. Aber bis dahin kann jeder bereits selbst einen Vorteil aus dem derzeitigen Forschungsstand ziehen. Einfach nach draußen gehen, wo Glück und Gesundheit jeden Tag zum Greifen nahe sind. ●

VIER GLÜCKSMOMENTE IN DER NATUR,
DIE VIELE MENSCHEN KENNEN UND LIEBEN:

1. Aufs Meer gucken
2. Im Park flanieren
3. Einen Vogel im Baum beobachten
4. Der Geruch von frisch gemähtem Gras

MIT WENIGER SACHEN LEBEN

Eine Tasse mit Blumenmuster auf dem Flohmarkt kaufen. Die Nähmaschine bei der Nachbarin leihen. Ein Auto mit anderen teilen. Immer mehr Leute entscheiden sich bewusst dagegen, dauernd neue Sachen zu kaufen. Das ist nachhaltig. Und macht viel Freude

Erst mal ist es ja ein gutes Gefühl, ein neues Handy zu kaufen, die vielen praktischen Funktionen auszuprobieren, sich zu freuen, auf dem neuesten Stand der Technik zu sein. Doch die Freude hält meist nur wenige Tage oder Wochen an. Denn schon bald kommt das nächste, bessere Produkt auf den Markt, oder man sieht ein Modell, das noch mehr Extras geboten hätte. Dann kommt sofort das Gefühl auf, nicht mehr up to date zu sein. Und schon bald will man wieder etwas Neues. Hersteller wissen genau, wie sie diese latente Unzufriedenheit schüren. Sie versuchen, uns einzureden, dass wir hoffnungslos altmodisch sind, wenn wir nicht das aktuellste Produkt haben. Deshalb tauschen wir ein funktionierendes iPhone 4 gegen ein brandneues iPhone 5s und stellen unseren guten Farbfernseher mit einem „Zum Mitnehmen"-Zettel an die Straße, weil wir uns einen Ultra-HD-TV angeschafft haben.

Nur neu ist gut – das ist das Leitmotiv, nach dem wir oft handeln. Obwohl es so viel schöner sein kann, einfach mal beim Alten zu bleiben. Ein Bewusstsein für das zu entwickeln, was man bereits hat, denn in den meisten Fällen reicht das völlig aus. „Was wir zum Leben brauchen bzw. was wir wirklich haben wollen, in dieser Frage lassen wir uns von Unternehmen seit Jahren verunsichern", sagt die australische Aktivistin Laura Anderson. Sie ist Mitglied der sogenannten Collaborative Lab, einer Organisation, die sich dafür einsetzt, dass wir alle immer mehr teilen, leihen und tauschen. „Man braucht nicht immer auf dem neuesten Stand zu sein. Und ein neuer Mensch wird man dadurch schon gar nicht." In Australien floriert die Buy-Nothing-New-Bewegung, die Menschen dazu motivieren möchte, wenigstens einen Monat im Jahr nichts Neues zu kaufen. Die Idee wird weltweit immer beliebter. Am Buy-Nothing-New-Monat nahmen im vergangenen Jahr nicht nur Australier, sondern auch viele Leute aus europäischen Ländern wie England und Deutschland teil. Mitmachen ist einfach: Statt etwas Neues zu kaufen, sichtet man zunächst, was man schon hat, was man secondhand findet und was man eventuell mit anderen tauschen oder teilen kann (buynothingnew.com.au).

DANN EBEN KEIN EIGENES AUTO

Mittlerweile gibt es sogar ein Schlagwort für diese Art des Konsums: „Collaborative Consumption". Der Begriff zeigt gut, dass es nicht nur darum geht, auf irgendwelche gebrauchten Dinge zurückzugreifen, sondern auch im Kontakt mit anderen zu sein, sich auszutauschen und gegenseitig zu helfen. „Innerhalb der Gemeinschaft, in der sie leben, teilen Menschen heute wieder miteinander", schreibt die Unternehmensberaterin Rachel Botsman in ihrem Buch *What's Mine Is Yours*. „Eine Gemeinschaft kann ein Büro sein,

die Nachbarschaft, ein Wohnkomplex, eine Schule oder ein soziales Netzwerk. Das Prinzip des Teilens ist schon sehr alt, aber die Größenordnung, in der es sich jetzt abspielt, war früher undenkbar. Die neuen Technologien ermöglichen die Entstehung einer neuen Kultur und Ökonomie mit dem Grundsatz: Was meins ist, ist auch deins."

Tatsächlich denken Menschen heute ganz anders über Eigentum und Besitz als noch vor einigen Jahren. Laut einer Studie der Gesellschaft für Konsumforschung sind mittlerweile 20 Prozent der Deutschen überzeugt, dass viel eigener Besitz nicht unbedingt glücklich macht. Auch der Status, den dieser Besitz verleiht, unterliegt einem Wandel. Wir brauchen keine CD-Sammlungen mehr, viele hören Musik nur noch im Internet. Wir müssen kein eigenes Auto mehr besitzen. Wir möchten dann fahren können, wenn es notwendig ist. Die Anzahl der Carsharing-Stationen wächst ständig. Rachel Botsman: „Es läuft immer mehr darauf hinaus, dass wir mit Produkten das Bedürfnis befriedigen, für das es gemacht ist. Dinge werden also wieder mehr ein Mittel zum Zweck. Dadurch verschwimmt der Unterschied zwischen dem, was von mir, von dir oder von uns ist." ➡➡

Onlinetipps

Die folgenden Webseiten sind praktisch, wenn man sich vor einer Anschaffung informieren möchte, ob es irgendwo in der Nähe oder im Netz etwas Gebrauchtes gibt. Manchmal ist es sogar noch einfacher, zu tauschen oder einfach etwas nur für ein paar Tage auszuleihen.

✳ KLEIDUNG: Tauschen und verkaufen auf commonvintage. com, maedchenflohmarkt.de, kleiderkreisel.de

✳ AUTO: tamyca.de (das eigene Auto verleihen), nachbarschaftsauto.de (ein Auto teilen)

✳ ESSEN: foodsharing.de (Essen zeitnah weitergeben und bekommen in mehreren deutschen Städten)

✳ BÜCHER: leih-ein-buch.de (sehr schlichte Seite, sinnvolles Konzept)

✳ WERKZEUGE, ZELTE, SPORTGERÄTE: Wer gucken will, was es in der Nachbarschaft zu leihen gibt, wird auf frents.com fündig

✳ VERLEIH UNTER FREUNDEN: Mit der App und über die Website whyownit.de können Facebook-Freunde miteinander Sachen tauschen

„Besonders die Jüngeren sind heute nicht mehr so fixiert auf Besitztümer wie Autos oder Häuser", sagt der Schweizer Trendforscher David Bosshart. Bezeichnend ist, dass Jüngere zwar einen Führerschein machen, sich aber kein Auto mehr kaufen. Innerhalb von zehn Jahren sank beispielsweise in einer mittleren Großstadt wie Stuttgart der Prozentsatz der Autobesitzer zwischen 18 und 25 Jahren um 60 Prozent. Das ist wohl auch eine Reaktion auf den Konsumboom der vergangenen Jahre. Viele Menschen haben so viele Dinge angehäuft, dass sie sogar Extra-stauraum anmieten, um Dinge einzulagern. Und eine von der niederländischen Konsumforscherin Andrea Wiegman vor einigen Jahren durchgeführte Untersuchung ergab, dass der durchschnittliche Niederländer neun Jeanshosen in seinem Schrank hat. Wiegmans Einschätzung heute: „Vielleicht haben wir noch immer so viele Hosen, aber es werden sicher nicht mehr. Neun sind genug. Hinzukommt, dass wir unsere Jeans heute länger tragen oder sie in eine Kleidertauschbörse geben."

WENIGER HABEN, MEHR LEBEN

Dies alles fügt sich einem übergeordneten Trend: der Entscheidung für mehr Lebensqualität. Für mehr Ruhe, mehr gemeinsame Aktivitäten. Möglichst viel Geld verdienen und noch mehr kaufen, das hat für viele Menschen nicht mehr die höchste Priorität. Nach und nach wächst das Bewusstsein, dass es sehr befreiend sein kann, weniger zu besitzen. Dass nicht alles im Haus neu sein muss und dass Gebrauchsspuren auch ihren Charme haben. Eigentlich liefern sie sogar das besondere Etwas, was den Erfolg von Secondhandläden erklärt. „Wir leben in einer Gesellschaft, in der materielle Dinge sehr wichtig zu sein scheinen; in einer Welt, die sehr am Äußeren orientiert ist", sagt der Philosoph Jan Bor. „Ich vermute, dass uns all die Sachen Halt geben sollen. Dies habe ich, also bin ich. Darum krallen wir uns an ihnen fest. Das Festhalten ist in uns Menschen tief verankert. Aber wir begreifen inzwischen häufiger, dass all die äußerlichen Dinge nur eine Illusion von Halt vermitteln, denn letztendlich bedeuten die Dinge natürlich nichts. Während des Krieges wurde das Haus meiner

Weniger ist mehr

✻ EINS KOMMT, EINS GEHT

Die praktische Faustregel lautet: Wer etwas Neues kauft, gibt etwas Altes ab. Ein neues Kleid im Schrank? Nimm dafür ein anderes Teil raus, spende es für einen guten Zweck oder leg es auf den Stapel für einen Kleidertausch. So quillt der Schrank nicht über — und man bereitet außerdem noch anderen eine Freude.

✻ KLEIDERTAUSCH ORGANISIEREN

Einfach ein Datum festlegen, ein paar Freundinnen zusammentrommeln und einen Kleidertauschabend veranstalten. Es macht Spaß, man bekommt meist noch eine Gratis-Typberatung, und mit Glück geht man mit ein paar schönen Dingen nach Hause. Auch Bücher, Taschen, Deko und vieles mehr können getauscht werden. Eine wunderbare Methode, überflüssige Sachen loszuwerden und andere und sich selbst glücklich zu machen.

✻ DAS KANN MAN REPARIEREN

Früher war es normal: Socken wurden gestopft und Kleidung geflickt. Heute wandern kaputte Dinge oft direkt in den Mülleimer. Schade, denn häufig ist eine kleine Reparatur gar nicht schwer. Außerdem ist es befriedigender, etwas zu benutzen, das man gerade repariert hat, als wieder ins nächste Geschäft zu laufen. Gemeinsam schrauben? Schau hier: repaircafe.org

✻ FLOHMARKTCHARME

Wir wissen es alle: Secondhandsachen gibt es nicht nur auf dem Trödelmarkt oder im Freundeskreis. Durch Onlinebörsen ist der gezielte Kauf von gebrauchten Dingen noch einfacher geworden. Bevor man einen neuen Schrank im Möbelhaus kauft, lohnt es sich also immer, vorher online zu stöbern.

✻ MEIN KAUFTAGEBUCH

Es funktioniert wie beim guten alten Haushaltsbuch: Notiere eine Zeit lang, was du kaufst und wo. Sind viele unnötige Ausgaben darunter? Sind immer nur neue Sachen im Einkaufskorb? Das Kauftagebuch verschafft dir einen guten Überblick. Wer am eigenen Konsumverhalten generell etwas ändern will, findet hier höchstwahrscheinlich gute Ansatzpunkte.

Großmutter bombardiert. Alles, was ihr blieb, waren ein Geschirrtuch, ein silberner Löffel und ein Foto. Und was sagte sie damals zu ihren drei Söhnen? ‚Ich bin glücklich, dass ich den alten Krempel endlich los bin.' In gesellschaftlichen oder auch persönlichen Krisenzeiten steckt immer auch eine Chance. Sie ermöglicht uns, eine andere Seite wahrzunehmen und zu erkennen, dass Dinge an sich keine Bedeutung haben. Das zu realisieren fühlt sich sehr befreiend an." ●

TEXT **SJOUKJE VAN DE KOLK** FOTO **SASKIA LELIEVELD, ANNELINDE TEMPELMAN**

SCHÖNES VON FLOW

Flow, ein Magazin, das sich Zeit nimmt. Wir feiern die Kreativität, das Unperfekte und das Glück im Kleinen.

Hier findest du uns

WIR SIND AUF FACEBOOK!

Hier könnt ihr unsere Posts zum Geschehen in der Flow-Redaktion lesen. Wir erzählen euch, was wir gerade machen, zeigen euch nette Dinge aus dem Magazin und was wir sonst schön finden. Hier könnt ihr uns schreiben und Kommentare hinterlassen. Wir freuen uns, euch zu treffen.
www.facebook.com/flow.magazin.deutschland

WIR HABEN EINE WEBSITE

Diese Seite ist eine Art Basislager von Flow. Hier findet ihr alles, was es über uns zu wissen gibt: vom Blick ins aktuelle Heft bis zur Ankündigung der nächsten Ausgabe und des Ferienbuchs. Hier geht es zum internationalen Blog, zur Facebook-, Twitter-, Instagram-, und Pinterest-Seite. Außerdem könnt ihr dort auch ausgewählte Artikel online lesen. Schaut doch einfach mal vorbei.
www.flow-magazin.de

WIR HALTEN EUCH AUF DEM LAUFENDEN

Wann die nächste Flow kommt? Hinterlasst einfach eure E-Mail-Adresse unter **www.flow-magazin.de/heftinfo.** Und wenn die Ausgabe am Kiosk liegt, erhaltet ihr eine kleine kreative Nachricht. Klar, dass wir euch nicht mit Werbemails belästigen!

SCHREIBT UNS!

Wir möchten euch kennenlernen, eure Wünsche an Flow, eure Ideen und was euch im Leben bewegt. Lasst es uns wissen und mailt uns an:
redaktion@flow-magazin.de

WIR LIEBEN PINTEREST, INSTAGRAM UND TWITTER

Unsere Lieblingsseiten im Heft, inspirierende Sprüche, all das posten wir auf Instagram. Und die vielen schönen Dinge, die wir im Netz finden, könnt ihr auf unseren Pinterest-Boards anschauen. Und jetzt zwitschern wir auch bei Twitter. Besucht uns:
twitter.com/FlowMagazin
instagram.com/flow_magazin
pinterest.com/flowmagazine

Das große Flow-Ferienbuch

UNSER NEUER FERIENBEGLEITER

Ferien, allein schon das Wort mögen wir. Und das dicke Flow-Ferienbuch ist wirklich ein guter Begleiter für Sommer und Urlaub: Es ist nicht nur zum Lesen da, sondern zum Reinschreiben, Basteln, Kleben und Selbstgestalten. Mit Inspirationen und Ideen für ein 30-Tage-Projekt, Malvorlagen der Illustratorin Lisa Congdon, Anregungen für die Gestaltung von geklebten Ferientagebüchern und noch vielen weiteren Papiergeschenken. Natürlich gibt es auch eine Menge zu lesen. Geschichten über die Schönheit der Langeweile, über die inspirierenden Pinnwände von Kreativen und Tipps für tolle Museen in Europa abseits des Mainstreams. Entdecke selbst, was du am liebsten magst!

DAS IST DRIN:

Notizbuch für deine Ferienerinnerungen, ein Figurentheater aus Papier, Aufkleber mit Urlaubsmotiven, Bilderbögen für eine eigene Ideenpinnwand, Minibücher zum Selbermachen, Postkarten, ein Heft für ein 30-Tage-Projekt, Malvorlagen und vieles mehr!

Das Flow-Ferienbuch kannst du zum Preis von 12,95 Euro bestellen unter www.flow-magazin.de/ferienbuch

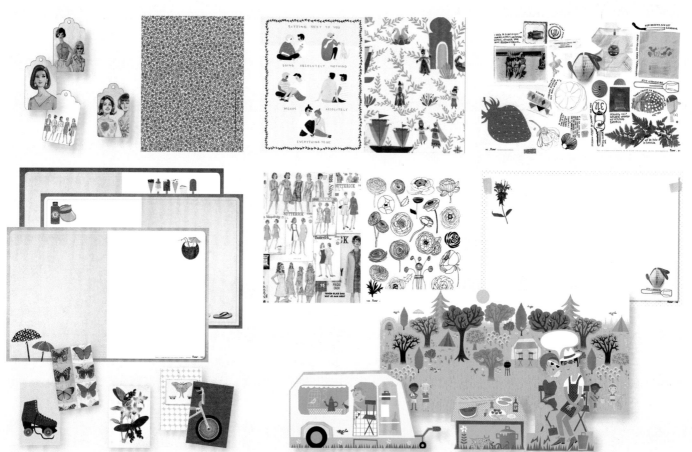

Abonnements & Shop

BIST DU BEREIT FÜR FLOW?

In jedem Heft stellen wir einen bunten Strauß an Inspirationen, Ideen und Lesenswertem mit viel Liebe zusammen. Dazu bekommst du pro Ausgabe die Papiergeschenke doppelt. Bestell dein Abo (pro Ausgabe zum Preis von 6,95 Euro) telefonisch unter (040) 55 55 78 00 oder online. Und schon landet Flow ab der nächsten Ausgabe in deinem Briefkasten. Natürlich kannst du dein Abo jederzeit auch wieder kündigen.

www.flow-magazin.de/abo

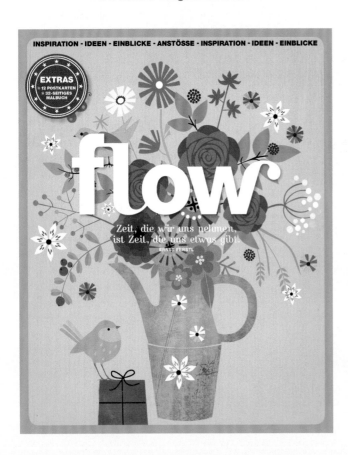

UND WENN DU FLOW IM ABO HAST,

bekommst du die Papiergeschenke ein zweites Mal als Extra dazu – zum Sammeln, Weitergeben oder Aufhängen. Und dein Heft bleibt weiterhin schön zum Schmökern. **Wir freuen uns, wenn du Flow in dein Leben einlädst.**

DU WILLST FLOW VERSCHENKEN?

Dann gib uns telefonisch Bescheid unter (040) 55 55 78 00. Oder bestell das Geschenkabo (6 Ausgaben) für 41,70 Euro direkt online unter **www.flow-magazin.de/geschenkabo**

SCHÖNES FÜR FLOW-FANS

Endlich gibt es neben dem holländischen Flow-Shop auch einen deutschen Onlineshop, in dem du schöne Dinge und bisher erschienene Ausgaben von Flow findest und noch einfacher bestellen kannst. Wir mögen besonders gern den Schuber mit Henri-Matisse-Zitat, in dem alle unsere Flow-Ausgaben ein Zuhause finden. Wer ein Flow-Abo hat, kann alle unsere Produkte versandkostenfrei bestellen! **Lust auf Papier und mehr? Guck doch mal unter www.flow-magazin.de/shop**

Unsere Flow-Apps

JA, UNS GIBT'S AUCH DIGITAL

Wir lieben Papier, aber wir fühlen uns auch in der digitalen Welt zu Hause. Unsere kostenlose App (l. o.) bietet ausgewählte Magazinartikel (auf Englisch), Videos, Links zu unseren Lieblingsblogs, schöne Illustrationen und vieles mehr. Fürs iPad im App Store und für Android-Tablets im Google Play Store erhältlich.

Oder möchtest du ein Jahr lang täglich einen inspirierenden Spruch, eine kreative Idee oder eine Blog-Empfehlung auf dein Smartphone oder dein Tablet? Wunderbar illustriert von der großartigen Lobke van Aar? Dann ist die *365 Days of Flow*-App (r. o.) genau das Richtige für dich. Erhältlich für 1,99 Euro im App Store und im Google Play Store. Und das Beste: Die Tipps, Ideen und Inspirationen kannst du per Mail, Instagram, Facebook und Twitter mit deinen Freunden teilen.

Einfach *Flow Magazine* bzw. *365 Days of Flow* suchen und downloaden.

flow

In der nächsten Ausgabe...

THEMA: KLEIN & GROSS

NOSTALGIE: Warum wir Schreibmaschinen
so toll finden

HÄKELNACHMITTAG: So macht man
Granny Squares

EIN NEUER ABSCHNITT: Wie sich das Leben
nach der Trennung anfühlt

Mit Papiergeschenken: Mach-dir-keine-Sorgen-Kärtchen
& eine bunte Herbstgirlande

FLOW #5: 16. SEPTEMBER 2014

Manchmal ändern wir unsere Pläne, finden etwas noch Besseres, etwas noch Schöneres.
Darum kann es sein, dass die nächste Ausgabe ein bisschen anders aussieht, als wir es hier versprechen.